本书获得安徽财经大学著作出版基金资助

商业模式与生态系统

——新价值牵引下的共同演化

李永发　田秀华　著

中国财经出版传媒集团

经济科学出版社
Economic Science Press

图书在版编目（CIP）数据

商业模式与生态系统：新价值牵引下的共同演化/李永发，
田秀华著．—北京：经济科学出版社，2018.12
ISBN 978 - 7 - 5141 - 9929 - 1

Ⅰ. ①商…　Ⅱ. ①李…②田…　Ⅲ. ①商业模式－研究
Ⅳ. ①F71

中国版本图书馆 CIP 数据核字（2018）第 258070 号

责任编辑：黄双蓉
责任校对：曹育伟
责任印制：邱　天

商业模式与生态系统
——新价值牵引下的共同演化
李永发　田秀华　著
经济科学出版社出版、发行　新华书店经销
社址：北京市海淀区阜成路甲 28 号　邮编：100142
总编部电话：010 - 88191217　发行部电话：010 - 88191522
网址：www. esp. com. cn
电子邮件：esp@ esp. com. cn
天猫网店：经济科学出版社旗舰店
网址：http://jjkxcbs. tmall. com
中煤（北京）印务有限公司印装
710 × 1000　16 开　15.5 印张　200000 字
2018 年 12 月第 1 版　2018 年 12 月第 1 次印刷
ISBN 978 - 7 - 5141 - 9929 - 1　定价：48.00 元
（图书出现印装问题，本社负责调换。电话：010 - 88191510）
（版权所有　侵权必究　打击盗版　举报热线：010 - 88191661
QQ：2242791300　营销中心电话：010 - 88191537
电子邮箱：dbts@ esp. com. cn）

前　言

　　商业生态系统与商业模式是两个密切相关的概念，且都超越焦点企业的活动边界，以一种更为系统的视角强调焦点企业如何基于自身资源、能力以及与其他组织、个人、环境之间的相依性和互补性去创造商业价值。一个新商业模式如何冲击、改变现有商业生态系统，或者进入一个新的商业生态系统？现有的商业生态系统将会生成、接纳和选择什么样的新商业模式？现有商业模式和现有商业生态系统之间的平衡如何被打破？促使商业模式演化和商业生态系统演化的驱动力和机制是什么？这些有趣且非常重要的议题，迄今为止，其答案尚在探索中。但是商业模式创新和商业生态系统战略设计在于探寻价值创造和价值获取原理及方式的变化，从而使得企业更有生存力和竞争力，这一点已经吸引企业界和理论界越来越多的注意力。因此本书内容逻辑框架包括两条主线：一条是明线，即回答一个企业为什么需要以及如何塑造商业生态系统和商业模式，以求企业可以做久、做强和做大；另一条是暗线，即回答一个企业如何可持续性创新、适应性调整其价值主张、价值创造和价值获取的方式。

　　因此，本书内容主要包括四个部分：

　　一、商业价值

　　商业是以实现商品交换谋利的活动系统。商业是很多活动的组合，交换是商业的核心活动。一个企业或商家可以从事一种或者多种商业经营，即可将企业视为一个商业单元或若干个商业单元的集合。不同商业单元提供不同的商品或商品组合。本书将一种商业的价值定义为"（顾客感知价值－商品成本）×商品需求总量"。信息技术、数字技术、云技术、物联网、人工智能、用户需求、市场竞争等不断改变一个商业的价值，催生新的商业价值。因此，本部分的任务就是分析商业是什么？商业怎么变？焦点企业如何从商业（趋势）中创造价值和获取价值？

二、商业生态系统

商业生态系统是由相互作用的组织和个人所支持的一个经济共同体。易变性、不确定性、复杂性和模糊性已经成为当前超竞争环境的四个特性，商业组织和个体应该基于商业生态系统思考新的竞争范式。一些企业成功创造一个新商业生态系统，然后又在这个商业生态系统中失去控制力和盈利能力，而另一些企业能够适应持续不断的创新和变革浪潮，从一个商业生态系统衍生出若干个新的商业生态系统，避开在特定市场与特定竞争者的肉搏战。因此，本部分的任务就是分析商业生态系统是什么？商业生态系统的核心理念是什么？如何描述商业生态系统中两个企业之间的关系？如何评测焦点企业商业生态系统的健康？

三、商业模式

商业模式是一个企业以交换活动为核心的可重复、可持续的赚钱方式。不管是欧美发达国家，还是中国与印度等新兴市场，一个企业若未能为技术创新找到匹配的商业模式，那么就很难从技术创新中获取创新的价值。尽管新技术常常是企业转型的主要因素，但是仅仅依靠技术自身使得一个行业转型是从未发生过的。很多文献表明，与技术创新相比，商业模式如果不是更加重要，至少也是同等重要。因此，本部分的任务就是分析商业模式是什么？商业模式的理论流派有哪些？商业模式和战略之间的联系和区别表现在哪里？商业模式是如何演化的？怎么去创新？

四、新价值牵引下的商业生态系统与商业模式的共同演化

商业生态系统是企业与市场之间的一个中间组织形式和机制，促使人们思考系统中的每一个参与者或代理人之间的相依性和共同专业化的行为要求，从而在传统竞争理论之外寻找到一条新的价值创造和价值获取路径。商业模式创新是跨越企业边界去探寻价值创造和价值获取的新方式或新模板，焦点在于不同的参与者之间交易活动设计。基于商业生态系统的商业模式创新研究，更有助于提升在新形势下价值创造和价值获取活动的可持续性和可扩展性。一个成功的商业模式依赖于焦点企业与其商业模式所涉及的整个生态系统利益相关者之间的合作，如合作伙伴、顾客、供应商、金融商等参与，以提供一个独特、有效的解决方案。设计与执行一个新商业模式受到商业生态系统中其他参与者的影响，因而，同样可以挖掘、利用商业生态系统中其他参与者的现有资源。通过构建一个商业生态系统，为每个参与成员分配其资源，如知识、专长和资本等，合作竞争提供新产品和服务，满足客户需求并融入未来的创新。各个组织可以与商业共同体中的其他主要参与者一起共同塑造新的顾客价值主张、共创价值，并开发新的商业模式。但是，焦点企业的商业单元、商业模式和商业生态系统都是随着时间的推移而变化的。因此，本部分的任务就是研究商业模式与商业生态系统共同演化的机制，以及讨论由此引发的相关议题。

本书的出版获得安徽财经大学著作出版基金资助，谨在此表达诚挚的感谢！对于书中引用的所有认识与不认识的文献作者，表示深深的感谢！笔者对于商业生态系统和商业模式的理论关注已有十余年，本书也是对之前发表过的论文的梳理、修正，并注入新的内容，试图拓展商业生态系统理论、深化商业模式理论，并聚焦探索

商业生态系统和商业模式的交叉领域中新的知识。当然，由于时间、精力和水平有限，本书肯定还存在一些缺陷甚至错误之处，敬请读者不吝指正。

李永发　田秀华

2018 年 12 月

目 录

CONTENTS

第一章

商业价值

只要有商业，就存在商业生态与商业模式。随着时间的推移，商业也在演变，特别是近 30 年，新技术不断涌现，商业的形态发生颠覆性的变化。然而不同的商业生态和商业模式，会产生不同的商业绩效。商业在人、事物、数据和流程相互连接的万物互联时空下，不仅仅在产品和服务的质量层面展开竞争，而且对人们身体、情感和精神的影响方面以及在变革社会、环境的能力领域扮演着重要角色。

第一节 商业变革

时间改变万物，时间推动技术发展和人们需求升级，商业活动的范围、内容和方式在不断演变，特别是近 30 年，商业变革更是加快了速度。谁来判定一个商业是什么？是顾客。只有顾客才愿意为商品或服务付费，将经济资源转化为财富，将物品转化为商品。顾客购买的和所考虑的价值绝不是一个产品本身，而始终是效用，也就是说，这个产品或服务可为顾客做些什么。[①]

一、什么是商业

商业是以实现商品交换谋利的活动系统。在商业活动系统中，存在很多物种、族群和群落，包括盈利性的和非盈利性的个体和组织。商业的概念可以分为两个层次：一是狭义的商业，将商业局限于交换领域，被定义为贸易和商品买卖；二是广义的商业，泛指一切商品的研发、生产、交易、服务的活动与过程。商业是一切交易行为的泛称，[②] 是人员、决策、资源、建筑物、产品、价值观、行动以及开展和维持这种特定人类活动所必需的任何其他成分的真实集合。[③] 循着商业史的变迁，商业内涵在不断地演化，其轨迹是：行商→坐商→前店后厂→钱庄→商帮→合伙企业→股份制企业→跨国企业→社会企业→信息化企业。[④] 如图 1－1 所示，一个企业或商家可以从事一种或者多种商业经营，即可将企业视为一个商业单元或若干个商业单元的集合；一种商业一般由多个企业去经营。

不管是实物形态、服务形态，还是数字形态，商品是用以交换的劳动产品，是价值与使用价值两个因素的统一体。[⑤] 商品价值体现凝结在商品中抽象的、无差异的人类劳动；使用价值则体现商品

---

① Drucker, Peter F., *Management*：*Tasks*，*Responsibilities*，*Practices*. Truman Talley Books，1986.

② 瞿彭志：《商业自动化（第 2 版）》，上海交通大学出版社 2004 年版。

③ Casadesus－Masanell R.，Heilbron J.，*The Business Model*：*Nature and Benefits*，Business Models and Modelling. Emerald Group Publishing Limited，2015.

④ 赵涛、彭龙：《商业文明·要素文明·形态文明》，载于《山东社会科学》，2013 年第 11 期。

⑤ 卡尔·马克思著，曾令先等译：《资本论》，江苏人民出版社 2011 年版。

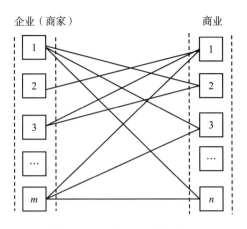

企业（商家）　　　　　　　商业

图 1-1　企业与商业的关系

的有用性，由具体劳动所创造，若以货币形式来衡量，即是顾客感知价值，表示顾客愿意支付的最大货币量。使用价值是交换价值的物质承担者，交换价值表现为一种使用价值与另一种使用价值在相互交换时的量的关系；而不同商品之所以在量上能够比较，则在于商品的共同属性——价值。交换价值的货币形式就是商品价格。

　　与何丽野（2017）将商业价值定义为使用价值（效用）与成本（生产费用）之间的比值有所不同，[①] 本书将商业价值定义为差值的形式：

$$商业价值 =（商品使用价值 - 商品成本）× 商品需求总量$$
$$=（顾客感知价值 - 商品成本）× 商品需求总量$$

$$(1-1)$$

　　商业的核心是商品的交换谋利。交换是手段，而谋利是目的，也是达成交换的条件。交换是商业的本质，市场主体通过"利益

---

　　① 何丽野：《商业价值及其在当代马克思主义政治经济学中的意义——以"黄金光盘"为例》，载于《浙江社会科学》，2017 年第 6 期。

导向"的缔约方式实现交换。① 基于公式（1-1），在顾客感知价值一定的情况下，提升商业价值，就需要降低商品成本，如改变生产技术、流通技术和降低原料成本等；在商品成本一定的情况下，提升商业价值，就需要提升顾客感知价值，如改变顾客价值主张、改善顾客体验等。

如图1-2所示，一个商品有很多的使用价值点，举一个例子来说，盒装火柴基本有用性是点火功能，还可以在包装盒印上酒店的电话号码，这就表现了广告传播的功能。好的使用价值点可以扩大商品的使用价值和商品成本的缺口，还可以改变商品使用人群，进而扩大商品的需求量。商品的成本可以解构成很多的环节和位点，通过流程重组、新玩家的加入消化和新技术使用，可以降低商品的成本，进而扩大商品的使用价值和商品成本的缺口。当然，随着商品的使用价值和商品成本的缺口的扩大和商品需求量的扩大，商业价值就被放大。

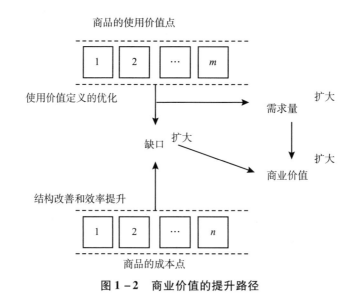

图1-2　商业价值的提升路径

①　刘闻：《论商业言论自由的法律边界》，载于《江西社会科学》，2016年第8期。

作为一个经济学用语，一项投资（资产）的商业价值是用与投资相关的税后现金流的净现值（Net Present Value，NPV）来测量的。① 顾客终身价值（Customer Lifetime Value，CLV）被定义为源于一个顾客的长期现金流的净现值。② 顾客终身价值是客户选择和营销资源分配的一个度量指标，能够赋能管理者前瞻性地维护或改善顾客关系。③

二、商业怎么变

商业的演变，一个重要的驱动因素是商业技术的进步，特别是信息通信技术和大数据技术的快速发展，商业业态和商业模式不断转型与重塑。

1. 商业1.0：简单商业

与农业经济主导的阶段相适应，相对当前的商业而言，这个时期的商业活动极其简单。小商小贩的行商是主要的商业活动，信息传播的方式依赖于人工传播。④ 货郎行商们从远处带来原本只存在于人们梦里的"神物"，让生活开始多彩；但是由于山高水远，人们只能在家里坐等偶然而来的惊喜。⑤

① Williams S., Williams N., "The Business Value of Business Intelligence", *Business Intelligence Journal*, No. 8, 2003.

② Venkatesan R., Kumar V., Bohling T., "Optimal Customer Relationship Management Using Bayesian Decision Theory：An Application for Customer Selection", *Journal of Marketing Research*, No. 4, 2007.

③ Kumar V., Ramani G., Bohling T., "Customer Lifetime Value Approaches and Best Practice Applications", *Journal of Interactive Marketing*, No. 3, 2004.

④ 聂永有：《信息革命与现代商业的变革》，载于《上海大学学报：社会科学版》，2001年第2期。

⑤ 周庭锐：《商业4.0"创客"的世界》，载于《商学院》，2015年第1期。

2. 商业2.0：市场商业

与工业经济主导的阶段相适应，零售商业企业的坐商是主要的商业活动，商业活动有了集市、场所和城镇空间要素支撑。信息传播的方式依赖于大众媒体传播。行商向坐商的转变有两个看得见的驱动力量：一是交通技术，二是城镇发展。不管是商家还是消费者，品牌日益在商业活动中被关注。当然，传统商业是以企业为中心的批量生产，消费者难以实现个性化选择。

3. 商业3.0：移动商业

与信息经济相适应，电商成为活跃的商业群体，不管是商家还是买家都可以随时随地处理商业活动，移动接入成为这个时期最重要的属性。信息传播的方式依赖于电子载体传播。互联网改变人与人之间的关系，改变了人们的生活方式。互联网使得商业摆脱了时空、地理位置的限制，颠覆了传统商业的购物方式，实现了消费者更大范围的比价效应。现代商业前半场是"互联网＋商业"，后半场是"移动互联网＋商业"，商品琳琅满目，消费场景千变万化。现代商业转向以消费者为中心，消费者的自我意识空前强大，消费者的选择权利前所未有。商业活动中兴起社交思维、数据驱动和智能应用。尽管如此，现代商业也难以摸准顾客内在心理的瞬息万变，只有基于物联网的海量数据，才可能发掘顾客注意力将要聚焦于何处。

4. 商业4.0：智慧商业

与人工智能经济相适应，智能商品新兴于市场，信息传播的方式依赖于智能化载体传播。智慧商业基于物联网、移动互联网、开放硬件平台、可穿戴设备、各种传感器以及3D打印技术，通过数据科学去捕捉每个顾客惯常的行为模式、建立动态时间序列行为模型和预测即将发生的消费行为。智慧商业中，新的物种，即机器人将承担更多的商务活动。消费者也是造物者，智慧商业实现了"消费需求—商业决策—运营模式—生产流程"之间所有元素不间断对话的能力，本质上实现了工业结合商业全价值链的完整自动化。① 大数据是知识经济最具代表性范式之一，代表一种新兴研究视域。组织和企业由于能够从大数据中获得有关顾客观念、偏好、需求、态度等宝贵洞察力，因而大数据已经被认为是价值创造的重要来源。② 企业应用旨在从内部商业运营中收集直接的客户反馈和信息，数据分析包括六个元素：数据生成、数据采集、数据储存、高阶数据分析、数据可视化、为价值创造制定决策。③ 大数据时代信息和通信技术（ICT）领域的最新发展正在促进组织的创新和发展，如普适计算的技术发展和广泛适应为政府和企业重新考虑特定产业发展前景提供了大量机会（如医疗保健④、智慧旅游⑤）。

三、如何去应势

当前，商业界正在探索商业 4.0 世界的商业规则和商业活动，线上与线下高度融合，物联网、物流与大数据高度整合，新分工新合作，效率将前所未有地提高。存量价值是企业现有活动创造的价

---

① 周庭锐：《商业 4.0 你准备好了吗？》，载于《商学院》，2015 年第 2 期。

②⑤ Del Vecchio P., Mele G., et al., "Creating Value from Social Big Data: Implications for Smart Tourism Destinations", *Information Processing & Management*, No. 5, 2017.

③ Saggi M. K., Jain S., "A Survey towards an Integration of Big Data Analytics to Big Insights for Value-creation", *Information Processing & Management*, No. 5, 2018.

④ Pramanik M. I., Lau R. Y. K., Demirkan H., et al., "Smart Health: Big Data Enabled Health Paradigm within Smart Cities", *Expert Systems with Applications*, No. 87, 2017.

值，增量价值是企业新活动创造的价值，适应新商业变革，企业需要通过新的活动，不管是活动范围还是活动类型的变化，去创造增量价值。

1. 顾客最为关键

以消费者为中心的理念是智慧商业最根本的商业规则。顾客价值极致者生存，最好的商品性价比、最完美的体验、最便利快捷的接触、最有安全保障的品质，这是企业应有的生存态度。顾客是企业的重要资产，与顾客之间的关系是企业获取竞争优势的关键资源。顾客能否满意是预测企业长期绩效的一个重要指标。

2. 创新商业模式

商业模式是以焦点企业特定的商业单元或者商业单元组为中心的跨企业边界的活动单元，反映该商业单元（组）怎样为顾客和合作伙伴创造价值的逻辑和方式。新商业、新商业生态呼唤新商业模式。在智慧商业的世界，企业实现充分的自动化和信息化，生产智能化、物流智能化、产品智能化。数据成为一种高阶资源，跨界合作竞争成为常态，当前的商业模式都将被重新定义，新的商业模式将不断涌现。大数据已经远远超越了最初的互联网或信息技术（IT）的技术范畴，成为当前时代的标志，信息技术领域的重心从"计算"转向"数据"。IT能力是互联网企业的核心竞争力。但各行各业可以效仿互联网企业，针对自身的应用需求，企业的"系统架构师"通盘考虑硬件体系结构、网络架构、软件系统、应用软件，量身定制IT系统和平台。商业模式是服务业企业的生命线。新型IT系统和平台一方面提升效率、降低成本，另一方面也是最为重要的方面是有效地支持"数据科学家"开发创新型商业模式。[①] 互联网催生新兴行业，并与传统行业深度融合，"互联网＋"商业模式具有多重竞争优势：（1）渠道优势，可吸引极富黏性的庞大用户群；（2）长尾效应优势，可将差异化的小量需求积少成多；（3）价值优势，可为顾客灵捷生产、精准营销；（4）资源整合优势，可打造跨产业、行业和企业的生态链网。[②] 当商业模式在活动内容、结构、治理上发生改变，将会引致新的商业生态系统的出现。

3. 构建良好生态

商业生态系统是连接或围绕一个焦点企业或平台运营的相互依赖的组织网络。[③] 纳入新的伙伴和活动能够产生一个新的生态系统。一个商业生态系统包含许许多多共同合作且也存在竞争的组织和个人，以创造和维持新市场和新产品。通常，商业生态系统的共同演化依赖于一个或两个公司的技术领导，这些公司提供一个平台，其他生态系统成员围绕该平台提供生产要素和互补产品、调整其投资和战略。[④] 不同玩家高度协同进化，信息流和数据流智能化管理，消费者与不同的系统玩家共创价值、共享价值。商业价值不仅体现在经济效益，还体现在社会效益和环境效益。大数据发展趋势下一个

---

① 周傲英、钱卫宁、于长波：《数据科学与工程：大数据时代的新兴交叉学科》，载于《大数据》，2017 年第 2 期。

② 郝身永：《"互联网＋"商业模式的多重竞争优势研究》，载于《经济问题探索》，2015 年第 9 期。

③ Snihur Y., Thomas L. D. W., Burgelman R. A., "An Ecosystem – Level Process Model of Business Model Disruption: The Disruptor's Gambit", *Journal of Management Studies*, 2018.

④ Teece D. J., Linden G., "Business Models, Value Capture, and the Digital Enterprise", *Journal of Organization Design*, No. 1, 2017.

企业的商业生态系统与外部环境间的边界越来越模糊,信息共享、知识溢出和外部性是商业生态系统各个玩家合作竞争、协同演化的一个主要方式。数据、信息和知识成为企业的重要资源,是决定企业动态能力、创新能力的重要因素。通过选择和培育良好的商业生态系统,进而获取有价值的数据、信息和知识,是企业获取可持续竞争优势的关键途径。① 知识在动态变化中不断重建,而知识生态系统的转变可以引发体现一个商业生态系统的技术平台的出现。②

第二节 价值创造

价值创造是指从原材料到最终消费者的一系列、各种各样的活动,通过这些活动,价值得以增加。因而,价值创造表达了一个基本逻辑,即企业怎样在一个合适的成本基础上将价值传递给顾客。③ 在管理和组织文献中,价值创造不管是在微观层面还是在宏观层面都是一个核心概念。④ 价值创造是经济交换的核心目的和关键过程。顾客价值概念已成为一个重要的管理工具,并在营销和管理领域被广泛采用。⑤

---

① 资武成:《“大数据”时代企业生态系统的演化与建构》,载于《社会科学》,2013 年第 12 期。

② Attour A., Lazaric N., “From Knowledge to Business Ecosystems: Emergence of an Entrepreneurial Activity during Knowledge Replication”, *Small Business Economics*, No. 1, 2018.

③ Zott C., Amit R., “Business Model Design: An Activity System Perspective”, *Long Range Planning*, No. 2 – 3, 2010.

④ Lepak D. P., Smith K. G., Taylor M. S., “Value Creation and Value Capture: A Multilevel Perspective”, *Academy of Management Review*, No. 1, 2007.

⑤ Lee M. K., Verma R., Roth A., “Understanding Customer Value in Technology-enabled Services: A Numerical Taxonomy Based on Usage and Utility”, *Service Science*, No. 3, 2015.

一、价值创造的内涵

前文已经提及商品的使用价值和交换价值。使用价值是指用户根据自身需要所感知的新工作、任务、产品或服务的具体质量，例如，新任务的速度、质量和绩效，或者新产品或服务的美学、性能特征。交换价值是指在某个时间点，当新任务、货物、服务或产品交换时所变现的货币金额，或者用户向卖方支付的焦点任务、工作、产品或服务使用价值的金额。目标用户或买方是价值创造的焦点，无论其是个人、组织还是社会。价值创造取决于目标用户或买方主观变现价值的相对数量，并且这种主观价值变现至少必须转化为用户意愿，以便为获得价值交换一定数量的货币。[①] 两个重要的经济条件对于价值创造活动可持续性是必要的：一是交换的货币量必须超过供方的成本；二是用户愿意交换的货币量是感知新价值与替代品绩效差异的函数。布兰登伯格和斯图尔特（Brandenburger and Stuart，1996）基于一个特定情境下的基本价值链：1 个供应商→1 个厂商→1 个顾客，即厂商从供应商那里获得资本、劳动力和原材料等资源，然后将这些资源转化为产品和服务，再销售给顾客，将这个价值链所创造的价值定义为：价值创造 = 顾客的支付意愿 − 供应商的机会成本。[②]

顾客价值是指顾客所感知到的商品有用性与顾客所付出的成本的缺口，或者被认为是顾客在购买和使用某一个产品的整个过程中

---

① Lepak D. P., Smith K. G., Taylor M. S., "Value Creation and Value Capture: A Multilevel Perspective", *Academy of Management Review*, No. 1, 2007.

② Brandenburger A. M., Stuart Jr H. W., "Value − Based Business Strategy", *Journal of Economics & Management Strategy*, No. 1, 1996.

对所获得的效用与所付出的成本的比较。① 顾客价值本质上与购买的产品所提供的利益和效用有关。顾客对产品的选择受到最大化偏好和效用的影响。② 顾客价值是顾客基于感知得到和感知付出对产品效用的总体性评估，因此，顾客价值的形成涉及一个权衡过程，顾客评估从使用产品和服务中所获得的利益和付出的损失。③

顾客感知的商品有用性可以被分成四个层次：（1）生理层次，包括振奋、愉悦、舒服、方便、独立、安全、生存；（2）情感层次，包括健康、个人发展、认知、教育、关怀、社会关系、社会地位、自我表现、自尊、财产、幸福、和睦；（3）智力层次，包括学习、知识、欣赏、珍品、优秀、控制、品质、选择、可靠、稳定、满意、能力；（4）精神层次，包括满足、平静、自由、信任、诚实、精神发展、精神表达、创新表现、唯美交融、社会责任心。④ 一件高级定制服装的顾客价值可能包括：尺寸合体、设计细节个性化、面料可选、做工细致、版型漂亮、手工制作、穿着舒适、经久耐穿、工作需要、场合需要、体现个人价值、朋友圈影响、定制体验、一对一服务、量身定制、体现身份、上门定制、终身维修。⑤

伍德拉夫（Woodruff，1997）基于顾客的目标和用途、特定情境下的使用结果、商品的属性和特征三个层次将顾客价值分成期望的价值和已获得的价值，强调价值源于顾客的学习认知、偏好和评

---

① 董大海、权小妍、曲晓飞：《顾客价值及其构成》，载于《大连理工大学学报：社会科学版》，1999 年第 4 期。

② Lee M. K., Verma R., Roth A., "Understanding Customer Value in Technology-enabled Services: A Numerical Taxonomy Based on Usage and Utility", *Service Science*, No. 3, 2015.

③ Xu C., Peak D., Prybutok V., "A Customer Value, Satisfaction, and Loyalty Perspective of Mobile Application Recommendations", *Decision Support Systems*, No. 79, 2015.

④ 布里顿、拉萨利：《体验：从平凡到卓越的产品策略》，中信出版社 2003 年版。

⑤ 郑喆：《高级定制男装的顾客价值构成要素》，载于《纺织学报》，2017 年第 1 期。

估，也与产品的使用情境和体验的结果有关。[①] 霍尔布鲁克（Holbrook，1999）将顾客价值定义为交互式相对性偏好体验：（1）交互式，即顾客价值需要某个主体（顾客）与某个客体（商品）之间的一个互动，取决于顾客身体或心理对象的特征；（2）相对性，即顾客价值在不同商品之间是可比较的，不同的人对同一商品感知的价值是不一样的，并且顾客价值具有情境性；（3）偏好，即依据顾客价值，顾客对不同商品在心理与行为上是有差异的，如表现出正面或负面的倾向性，有利或不利的态度，赞成或反对的意见，避开或接近的行为等；（4）体验，即顾客价值不在于购买，而在于从中获得的消费体验。[②]

二、价值创造的来源

如图 1-3 所示，分析价值创造的来源，一般可以从三个视角观察，即提供物（产品与服务的统称）特性视角、价值创造者视角和嵌入商品的要素视角。

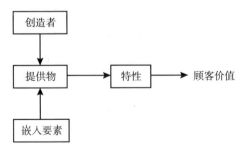

图 1-3 价值创造来源的三种视角

① Woodruff R. B., "Customer Value: The next Source for Competitive Advantage", *Journal of the Academy of Marketing Science*, No. 2, 1997.

② Holbrook M. B., "Special Session Summary Customer Value C a Framework For Analysis and Research", *ACR North American Advances*, No. 1, 1996.

1. 提供物特性视角

基于价值链理论，价值链的主要活动对价值创造有直接作用，而支持性活动仅仅通过影响主要活动的性能进而影响价值创造；基于熊彼特理论，新价值创造源于技术改变和创新的过程；基于资源基础观，企业的独特的资源和能力束会引致价值创造；基于战略网络理论，网络的结构、规模、密度、中心性和连接的异质性与价值创造紧密相关；基于交易成本经济理论，提升效率、减少成本是价值的主要源泉，阿米特和佐特（Amit and Zott，2001）识别出四个价值驱动器：效率、互补性、锁定和新奇性。[①]

2. 创造者视角

个人、组织和社会都可以视为价值创造的来源。[②] 个人通过开发新奇的、合适的任务、服务、工作、产品、过程，或者其他可被目标用户感知的对于目标需要有价值的贡献来创造价值，即与最接近的替代品相比，能提供更大的效用或者更能降低单位成本。当一个组织利用新方法、新技术、新材料等新方式做事时，便创造了新价值。因此，创新和发明活动会影响价值创造过程。当现有的竞争优势，由于环境改变而消失时，动态能力可通过创造新竞争优势来创造价值。而且新的组织知识生成、战略性人力资源管理也能创造价值。在社会层面，可以依据创业创新的计划和激励来构想价值创造过程，旨在鼓励现有组织和新创业企业为社会及其成员创新并扩大其价值。

---

① Amit R. , Zott C. , "Value Creation in E – business", *Strategic Management Journal*, No. 6 – 7, 2001.

② Lepak D. P. , Smith K. G. , Taylor M. S. , "Value Creation and Value Capture：A Multilevel Perspective", *Academy of Management Review*, No. 1, 2007.

3. 嵌入要素视角

大数据视角下的价值创造重新塑造价值的货币和经济维度，包括源于知识和无形资产的全部价值。尽管大数据范式越来越重要，但很少为管理者和企业家考虑如何将数据转化为有价值的具体产出。大数据分析的价值可以体现在获得新产品开发、供应品细分、绩效改进、更好的决策制定，新的商业模式和定制个性化产品方面的知识，以及在维持产品创新、企业预测市场和消费趋势上发挥重要作用。价值创造越来越成为管理信息和知识资产以改善决策的结果。① 更准确地说，从大数据中可提取与商业价值创造相关的五个维度，即：（1）创造透明度；（2）赋能实验去发现需求、揭示可变性并改善绩效；（3）细分人群以实现定制行动；（4）用自动算法取代或支持人类决策；（5）创立新商业模式、产品和服务。②

三、价值创造的模式

价值创造模式存在三种类型：（1）企业单独创造价值；（2）顾客单独创造价值；（3）企业与顾客共同创造价值。③ 顾客独立创造价值是指顾客在一定的社会情境下利用知识、技能、企业的产品与服务乃至顾客本身的社会角色和位置以及与其他社会成员的相互关

---

① Del Vecchio P. , Mele G. , Ndou V. , et al. , "Creating Value from Social Big Data: Implications for Smart Tourism Destinations", *Information Processing & Management*, No. 5, 2017.

② Wamba S. F. , Akter S. , Edwards A. , et al. , "How 'Big Data' can Make Big Impact: Findings from a Systematic Review and a Longitudinal Case Study", *International Journal of Production Economics*, No. 165, 2015.

③ 李耀、王新新：《价值的共同创造与单独创造及顾客主导逻辑下的价值创造研究评介》，载于《外国经济与管理》，2011 年第 9 期。

系等各种资源，通过与产品或者与其他顾客的互动进行价值创造的动态过程；企业成为价值创造的协助者，为顾客提供平台和资源。① 由于社交社区网络的兴起，有更多顾客自发地选择与厂商合作，价值共创存在三种形态：（1）链接型，即通过个体之间的链接实现信息的共享与扩散；（2）互动型，即个体生成内容并通过互动形成群体凝聚力；（3）重塑型，即在数字网络空间中，顾客塑造新的族群。② 服务主动逻辑理论强调价值共创中的协同和适应，即与其他系统交换和应用资源。③ "2018 年中国管理模式 50人＋论坛"发布《新商业文明倡议书》，倡议"从我做起，遵循天理良知，以信任创造价值，以科技赋能商业，共建诚信、责任、开放、合作、共享的新商业文明，共同推动管理进步，共创未来美好生活"。

第三节　价 值 获 取

一个商业模式所创造的价值难以全部被焦点企业独自占有，需要与其他利益相关者分享。价值获取是指焦点企业从所创造的顾客价值中获取一定份额的商业价值的活动与方式。价值下滑（Value Slippage）是指价值的创造者们不能保有创造出来的新价值的现

---

① 郑凯、王新新：《互联网条件下顾客独立创造价值理论研究综述》，载于《外国经济与管理》，2015 年第 5 期。

② 杨学成、陶晓波：《从实体价值链，价值矩阵到柔性价值网——以小米公司的社会化价值共创为例》，载于《管理评论》，2015 年第 7 期。

③ Vargo S. L., Maglio P. P., Akaka M. A., "On Value and Value Co-creation：A Service Systems and Service Logic Perspective", *European Management Journal*, No. 3, 2008.

象。① 当使用价值很高而交换价值很低时，这种现象便发生了。价值下滑从长期来看，显然不能激励可持续性价值创造。如图 1-4 所示，在创造顾客价值的过程中，焦点企业占有多少比例的份额，依赖于焦点企业可以控制的因素，如顾客价值主张的定义、竞争隔离机制、成本结构和收入模式。基于时间视角，可持续性、可扩大规模的方式获取价值，则取决于焦点企业的动态能力。但是，也需要注意，基于商业生态系统视角，价值获取必须在焦点企业的利润和合作伙伴的盈利能力之间找到可接受的平衡。②

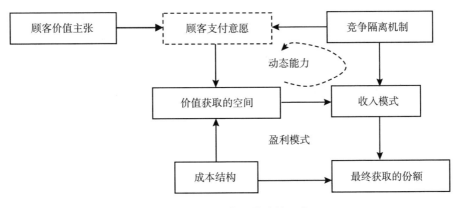

图 1-4　价值获取的关键因素

一、顾客价值主张

顾客价值主张决定可获取的"价值蛋糕"的总量。顾客价值

① Lepak D. P., Smith K. G., Taylor M. S., "Value Creation and Value Capture: A Multilevel Perspective", *Academy of Management Review*, No. 1, 2007.
② Teece D. J., Linden G., "Business Models, Value Capture, and the Digital Enterprise", *Journal of Organization Design*, No. 1, 2017.

主张是对公司承诺始终如一地为顾客提供价值的简洁描述。[①] 通常，当价值主张的新奇性和适当性增加，商品价值和交换价值也会增加，特别是当供应不足、需求旺盛的情势之下。设计顾客价值主张需要分析顾客需求、竞争对手的产品和企业优势。一旦选择了一个具有吸引力的顾客细分市场作为目标，管理者就会通过选择最能满足目标客户需求的属性来设计产品。产品属性识别包括两个方面：一是满足客户的功能需求，例如产品质量或交付时间；二是满足客户的情感需求，例如顾客渴望声誉和包容。产品最终确定后，企业就会设计一个合适的顾客价值主张，以传达产品的一系列属性如何有效地解决目标顾客的问题，并且如何区别于竞争对手的产品定位。然后，使用各种媒介与平台将顾客价值主张清晰地传达给目标客户。产品进入市场之后，顾客依据哪些竞争性价值主张最能满足其需求的分析做出购买决策，因此，为了获取顾客价值，企业必须不断监控目标顾客的需求和提供一个竞争占优的价值主张。

二、盈利模式

一个企业实际能从总价值中获取多少份额，取决于盈利模式。盈利模式是企业在一个给定的商业中所打算的挣钱方式，反映企业的战略意图，常获得高度关注。[②] 盈利模式包括成本结构和收入模式，决定企业的收入流、现金流、利润流。雅格拜德斯等（Jacobides et al.，2006）将行业架构（Industry Architectures）定义为一个部门的模板，限制共同专业化企业（Co-specialized Firms）集合

---

① Sheehan N. T., Bruni - Bossio V., "Strategic Value Curve Analysis: Diagnosing and Improving Customer Value Propositions", *Business Horizons*, No. 3, 2015.

② Itami H., Nishino K., "Killing Two Birds with One Stone: Profit for Now and Learning for the Future", *Long Range Planning*, No. 2 - 3, 2010.

之间的劳动分工。① 共同专业化有两个差异化组件：互补性和要素流动性，两个属性能捕捉到截然不同的经济效应。互补性影响价值的大小，要素流动性影响资产持有者的议价能力，从而影响价值的划分。一个企业可以在高水平的价值获取方面创造"架构优势"，而无须进行垂直整合。在大数据背景下，企业可以基于顾客使用而采纳更为灵活的、弹性的、颠覆式的收入模式，为每位顾客进行实时动态定价，同时降低企业成本。②

三、动态能力与竞争隔离机制

动态能力理论认为竞争优势来源于一种惯例式地不断创造和重新配置资源的强大能力。③ 由于新技术层出不穷地破坏市场，在快速动态的市场上源于资源的竞争优势受到侵蚀。为此，企业需要不断寻获、构建新资源并重新配置其现有资源以创造新型竞争优势。能力构建理论被认为是资源基础理论有用的补充。能力构建是指企业打造可利用资源的差异化胜任力的能力。企业差异化能力嵌入商业过程，通过差异化能力，企业将比竞争对手在选择、结合、整合和利用资源方面更加有效。④ 通过选择和配置资源并合成这些资源

---

① Jacobides M. G. , Knudsen T. , Augier M. , "Benefiting from Innovation: Value Creation, Value Appropriation and the Role of Industry Architectures", *Research Policy*, No. 8, 2006.

② 易加斌、徐迪：《大数据对商业模式创新的影响机理》，载于《科技进步与对策》，2018 年第 3 期。

③ Ehrenhard M. , Wijnhoven F. , et al. , "Unlocking how Start-ups Create Business Value with Mobile Applications: Development of an App-enabled Business Innovation Cycle", *Technological Forecasting and Social Change*, No. 115, 2017.

④ Karimi J. , Somers T. M. , Bhattacherjee A. , "The Role of Information Systems Resources in ERP Capability Building and Business Process Outcomes", *Journal of Management Information Systems*, No. 2, 2007.

为协同组合来构建能力，从而可将投入转化为有价值的产出。

一个有利可图的价值在市场上从来不缺乏模仿者和复制品，竞争程度影响新创的顾客价值被其创造者所获取的份额，因此，革新者需要建立竞争隔离机制（Isolating Mechanisms）。各种各样的隔离机制目的在于阻止竞争者暗中破坏焦点企业自身的价值创造和价值获取。詹姆斯等（James et al.，2013）聚焦影响焦点企业是否以及在多大程度上获取其创新产生的价值的四种主要隔离机制：专利、秘密、研制周期和互补性资产。其中，专利因素包括研发技术细节的披露、先申请制、模仿风险；秘密因素包括使用商业秘密、保持有关专利申请中未披露的技术优势的信息保密；研制周期包括学习曲线优势、比竞争对手更快地进行创新的吸收能力、技术机会识别、认同或创造、研发投入；互补性资产包括专业制造、销售或服务能力。① 隔离机制阻止优势资源能力向行业中其他企业扩散，保护资源免于被模仿。克鲁克等（Crook et al.，2008）总结了三种主要隔离机制：独特的历史条件、因果关系的模糊性和社会复杂性。②

---

① James S. D. , Leiblein M. J. , Lu S. , "How Firms Capture Value from their Innovations", *Journal of Management*, No. 5, 2013.

② Crook T. R. , Ketchen Jr D. J. , et al. , "Strategic Resources and Performance：A Meta - Analysis", *Strategic Management Journal*, No. 11, 2008.

第二章

商业生态系统

　　易变性、不确定性、复杂性和模糊性已经成为当前超竞争环境的四个特性，商业组织和个体应该思考新的竞争范式。新工业革命推动企业与众多实体以一种复杂方式构建互赖、互依、共生的生态系统。[①] 尽管商业生态系统日益成为现代商业成败的关键，但企业界仍然对商业生态系统理解不够并缺乏有效管理。[②] 现代商业世界中反反复复呈现这样的故事：一些企业成功创造一个新商业生态系统，然后又在这个商业生态系统中失去控制力和盈利能力，而另一些企业能够适应持续不断的创新和变革浪潮，从一个商业生态系统衍生出若干个新的商业生态系统，避开在特定市场与特定竞争者的"肉搏战"。当今，应用生态学方法管理企业已经非常普遍。中国一些知名企业，如阿里巴巴、腾讯、海尔、乐视和小米等，均在探索、利用商业生态系统战略发展企业，但没有一家企业顺风顺水、没暴露出问题。

---

　　① 肖红军：《共享价值，商业生态圈与企业竞争范式转变》，载于《改革》，2015年第 7 期。

　　② Iansiti M., Levien R., "Creating Value in Your Business Ecosystem", *Harvard Business Review*, No. 3, 2004.

第一节　商业生态系统的定义、维度和核心主张

市场、层级结构和商业生态系统是现代商业思想的三大支柱。[①] 最初以企业为中心的商业思想强调企业内部的层级结构是影响企业绩效的关键因素；当需求方力量超越供给方力量时，商业思想强调获取一个好的市场绩效，必须深入地研究市场需要、细分市场、选择目标市场并做好市场定位战略；而进入 20 世纪 90 年代，随着互联网思维逐步兴起、各种技术革命层出不穷以及顾客需要的个体化和多变性，仅仅考虑市场和层级结构，单个企业没有力量赢得生存和发展，商业思想需要上升至跨越市场和层级结构的商业生态系统层面，为了可持续发展，每一个企业应着力培育或者嵌入一个健康的商业生态系统（或简称商业生态）。穆尔（Moore，2006）将商业生态系统定义为"有目的的经济活动者（Economic Actors）的共同体，在这个共同体中个体的商业活动在很大程度上与整个共同体共命运"。商业生态系统可以理解成一个为了达到一定商业目的而形成的利益相关者集合，利益相关者在这个集合之中彼此相互依存、竞争、协同演化并分享愿景。[②] 商业生态系统的各个经济活动者不断围绕新的创新共同演化能力。商业生态系统战略决策应成为一个清晰化、结构化和可分性的具有更多意识、更有原则的过程。

---

① Moore J. F. , "Business Ecosystems and the View from the Firm", *The Antitrust Bulletin*, No. 1, 2006.

② 路江涌、戎珂、王萌：《滴滴优步如何成功上位——网约车合法化之路及后续挑战》，载于《清华管理评论》，2016 年第 11 期。

一、商业生态系统的定义

商业生态系统理论启发各个企业思考系统整体与成员个体之间的共同演化过程对企业绩效的影响以及动态变化的环境中所蕴藏的商业机会，其根植于生物生态系统理论、组织生态学、价值网络理论和供应链理论。首先，商业生态系统概念源于生物生态系统的隐喻。① 生物生态系统是由大量的、松散连接的参与者构成，各个参与者为了共同生存，彼此相互依赖。生物生态系统中各个成员共命运、共发展的特征，可以平移进入企业的战略思维，因为企业的命运也与大量的其他企业、个体所组成的一个共同体命运休戚相关。其次，组织生态学是一种组织的宏观社会学方法，研究组织与环境间的关系，用于识别一个长时间跨度下塑造组织结构的力量。再次，价值网络是指一群企业通过技能和资产的连接、共同创造价值的复杂性功能网络。当单个企业无法依靠自身能力商业化产品和服务时，价值网络的创造能力将获得显著体现。对于个体企业而言，拥有这样的价值网络被视为获取竞争优势的一个来源。最后，供应链理论主要聚焦生产效率、信息流和财务流，而商业生态系统理论拓展供应链理论思想，包括纳入更多的利益相关者，并且嵌入不确定性和共同演化的思想。②

类似于自然生态系统，本质上，商业生态系统是复杂的商业环境和位于其中的居住者所共同构成的实体。商业生态系统是以组织

---

① Moore J. F., "Predators and Prey: A New Ecology of Competition", *Harvard Business Review*, No. 3, 1993.

② Rong K., Hu G., et al., "Understanding Business Ecosystem Using a 6C Framework in Internet-of-things-based sectors", *International Journal of Production Economics*, No. 159, 2015.

和个人的相互作用为基础的经济共同体,[①] 包括核心企业、消费者、市场中介、供应商、风险承担者以及竞争者。不同成员通过利益共享、自组织甚至有些偶然的方式聚集在一起,相互间构成了价值链,不同价值链之间相互交织形成了价值网,物质、能量和信息等通过价值网在共同体成员间流动和循环。扬西蒂和莱维恩（Iansiti and Levien, 2004）将商业生态系统视为一个松散的网络,由供应商、渠道商、外包企业、相关产品和服务生成商、技术提供者以及一大群其他类型的组织构成。[②] 如图 2 - 1 所示,商业生态系统围绕焦点企业的一个特定商业（产品）展开,聚集各种要素为顾客创造价值。总之,商业生态系统是一个由各种各样层次的、相互依赖的组织和个体所组成的命运共同体,这些系统参与者以不间断循环的方式共同演化并持续自我更新,或致系统的解体、消亡。

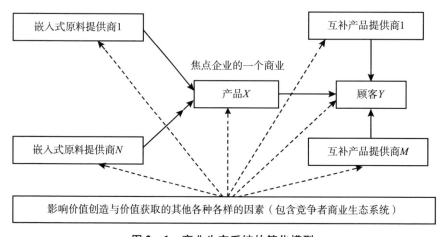

图 2 - 1　商业生态系统的简化模型

---

　　① Moore J. F. , "Predators and Prey: A New Ecology of Competition", *Harvard Business Review*, No. 3, 1993.

　　② Iansiti M. , Levien R. , "Creating Value in Your Business Ecosystem", *Harvard Business Review*, No. 3, 2004.

二、商业生态系统的分析维度

相比自然生态系统和其他社会生态系统，商业生态系统具有自身的一些本质属性。商业生态系统超越市场定位和行业结构，具有三个主要特征：（1）共生，即任何企业的生存都基于整个商业生态系统的利益之上；（2）平台，即任何企业都可以利用商业生态系统中的技术、服务和工具增强自身能力和绩效；（3）共同演化。[①] 市场经济中达尔文的自然选择表现为最合适公司或产品生存、弱者死亡，但穆尔（2006）发现商业生态系统中的组织和个人，虽有不同的利益驱动，但可互利共存。[②] 商业生态系统中的每一个环节都是整个商业生态系统的一部分，每一家企业最终都要与整个商业生态系统共命运。一损俱损，一荣俱荣，商业生态系统中任何一个环节遭到破坏、任何一家企业的利益遭到损害，都会影响到整个商业生态系统的平衡和稳定，并最终作用至系统中的每一个参与者。但与自然生态系统不同，商业生态系统中的经济活动者具备聪明才智，有能力计划并描绘未来。[③] 佩尔顿尼米和沃里（Peltoniemi and Vuori，2004）将商业生态系统的特征属性归纳为 9 个相互关联的核心概念：适应环境、动态演化、大量成员、相互联系、相互作用、命运与共、竞争合作、有意识决策、创新与商业成

---

① Li Y. R. ，"The Technological Roadmap of Cisco's Business Ecosystem"，*Technovation*，No. 5，2009.

② Moore J. F. ，"Business Ecosystems and the View from the Firm"，*The Antitrust Bulletin*，No. 1，2006.

③ Iansiti M. ，Levien R. ，"Creating Value in Your Business Ecosystem"，*Harvard Business Review*，No. 3，2004.

功。① 商业生态系统的挑战是必须能够适应快速变化、不确定的环境，因此，商业生态系统应该是一个动态的结构，能够及时进化和发展。商业生态系统中的企业，不是彼此独立的，任何单个企业的发展都会受到周围环境的影响，并且也对关联企业，甚至对整个商业生态系统系统产生作用，嵌入商业生态系统的大量相互联系的经济活动者彼此是同呼吸共命运。商业生态系统成功的基础就是成员间的相互竞争和合作，而且各个经济活动者能够从自身利益出发做出有意识的决策，影响商业生态系统的创新活动和健康水平。

商业生态系统战略摆脱狭隘的以行业为基础的战略设计，开发新的价值创造循环。荣等（Rong et al.，2015）提出 6C 分析框架，包括 6 个维度：（1）背景（Context）维度，描述商业生态系统的外部环境特征，如发展阶段、使命、驱动力、障碍等；（2）合作（Cooperation）维度，反映为达成共同战略性目标的进程中系统成员之间的相互作用机制，包括治理系统和合作机制；（3）构造（Construct）维度，定义商业生态系统的基本结构和支持性基础设施，包括结构和基础设施；（4）组态（Configuration）维度，说明商业生态系统中合作伙伴之间的外部关系类型和配置式样，包括式样和外部关系；（5）能力（Capability）维度，描述使得商业生态系统成功的关键因素，包括沟通力、可获取性、整合能力、学习力、适应性等；（6）变革（Change）维度，反映商业生态系统演化和模式更新，包括更新和共同演化。② 与此不同，扬西蒂和莱维恩（2004）关注商业生态系统中的三类角色：（1）网络核心者，

---

① Peltoniemi M.，Vuori E.，*Business Ecosystem as the New Approach to Complex Adaptive Business Environments*，Proceedings of E – business Research Forum，2004.

② Rong K.，Hu G.，et al.，"Understanding Business Ecosystem Using a 6C Framework in Internet-of-things-based Sectors"，*International Journal of Production Economics*，No. 159，2015.

即基石型企业（Keystones），占据商业生态系统的中枢位置，引导价值创造，为其他成员提供共享资产，分享价值；（2）支配主宰者（Dominators），试图通过纵向的或横向的一体化支配商业生态系统；（3）利基者（Niche Players），是商业生态系统中数量最多的群体，专注于某个细分市场，以差异化求生存。①

三、商业生态系统的核心主张

现代企业竞争，不仅是单体企业之间的竞争，而更是商业生态系统之间的竞争。② 商业生态系统是以组织和个人的相互作用为基础的经济联合体。③ 商业生态系统的组成部分除了包括诸如消费者、供应商、生产制造厂家及为其提供支持的（他们相互配合以生产商品和服务）其他有关人员等传统的部分以外，还包括诸如资金的提供者、有关的行业协会、掌握标准的机构、工会、政府和立法部门以及半政府组织等机构。此外，直接的和潜在的竞争者也可能纳入这一体系中来。商业生态系统是一种新的具有特殊成长力和机动性、具有价值创造和价值分享功能的商业模式。④ 企业竞争方式和范围已经超越了产品市场与流程体系，表现为不同商业生态系统之间的竞争。⑤ 英特尔（Intel）、微软（Microsoft）、思科

---

① Iansiti M., Levien R., "Creating Value in Your Business Ecosystem", *Harvard Business Review*, No. 3, 2004.

② 李海舰、郭树民：《从经营企业到经营社会——从经营社会的视角经营企业》，载于《中国工业经济》，2008 年第 5 期。

③ Moore J. F., *The Death of Competition*：*Leadership and Strategy in the Age of Business Ecosystems*，HarperCollins，2016.

④ 赵湘莲、王娜：《商业生态系统核心企业绩效评价研究》，载于《统计与决策》，2008 年第 7 期。

⑤ 范保群：《商业生态系统竞争方式及其启示》，载于《商业经济与管理》，2005 年第 11 期。

（Cisco）、沃尔玛（Walmart）等公司很难被模仿或被超越，究其原因是因为这些公司采用了商业生态系统竞争方式，以自身为核心成功构建起了强大的商业生态系统。但是，现阶段对商业生态系统的研究仍处于起步阶段，对商业生态系统理论的核心思想理解不是很清晰。通过对商业生态理论研究成果的梳理，我们认为商业生态系统理论的核心主张可以简洁地概括为 16 个字：创新连接、共同演化、占位卡位、动态能力。

1. 创新连接

创新连接是指创造性改变商业生态系统中各个经济活动者之间的连接方式和属性，以及纳入新成员和改变原有成员的方式，商业生态系统商业观念的价值在于"可以用它来识别和培育成套的互相交织的关系，使之具有戏剧性利益的潜力"。[1] 商业生态系统包含企业及与其相关联的供应商、分销商、外包服务公司、融资机构、关键技术提供商、互补产品制造商、竞争对手、客户、监管机构、媒体和相关的政府机构等物种和环境组成的复杂的经济共同体。因此，各个物种之间必然存在相互依存关系，每个参与者都必须依赖其他的参与者，以取得各自良好的生存能力和效果。相互关联、相互依赖是生态系统中的一条法则。与自然生态系统中的物种一样，商业生态系统中的每一家企业最终都要与整个商业生态系统共命运。[2] 成长型企业要想突破发展的瓶颈，不能再就一个企业孤立地看待一个企业，而要通过企业所融入的商业生态系统来看企业，即要认识到资源不仅来自企业内部，更主要的是来自企业外

---

[1] Moore J. F. , *The Death of Competition*：*Leadership and Strategy in the Age of Business Ecosystems*, HarperCollins, 2016.

[2] Iansiti M. , Levien R. , *The Keystone Advantage*：*What the New Dynamics of Business Ecosystems Mean for Strategy*, *Innovation*, *and Sustainability*, Harvard Business Press, 2004.

部；成本降低不仅来自企业内部，更主要的是来自企业外部；利润不仅来自企业内部，更主要的是来自企业外部。如今，没有任何企业或产品、技术可以像孤岛般独立存在，没有企业有足够能力独立地开展一切行动，也没有产品能在孤军奋战中被设计出来。[①] 一个企业的绩效，不仅是它自身能力，或是它相对于其竞争者、顾客、合作伙伴以及供应商的静态地位的函数，同时还是它与整个生态系统相互作用的结果。在产品、技术、市场和创新等方面千丝万缕的关联，从实质上把商业生态系统的不同成员捆绑在一起。重视关联，并正确利用这些关联，对于提高企业的生产率、保护企业免遭破坏性冲击的影响，以及增强其创新、演化和适应的能力，都是至关重要的。我们通过研究发现，商业生态系统中不同企业为对方创造价值，哪怕是小小的贡献，都会使得各自市场规模突破单一企业独自发展的瓶颈，拓展了新的市场空间，实现了双赢的局面。产品和服务很少在真空中使用，多数情况下，它们的价值也受到其他产品和服务的影响。[②] 停车的便利性和成本会影响人们对看电影的价值判断，还使得停车场与影剧院产生了关联。一部充满了恒春小镇和垦丁海边优美恬淡风光的《海角七号》，在热映后也为中国台湾地区南部带来了数不清的游客，由此电影与旅游地产生了关联。英国人泡茶时遇到的最大问题并不是茶壶，而是水，因为他们必须把水放在茶壶里烧开，问题出在自来水中的碳酸钙含量。在烧水过程中，碳酸钙不断沉积，最后会混入泡好的茶中。冷静的英国人在喝自己泡的茶时，通常先用一个茶匙把这些令人讨厌的碳酸钙捞出来，水与茶具产生了关联。而且，在商业生态系统中，即使看起来

① 李海舰、郭树民：《从经营企业到经营社会——从经营社会的视角经营企业》，载于《中国工业经济》，2008 年第 5 期。

② Kim W. C.，Mauborgne R.，"Blue Ocean Strategy"，*California Management Review*，No. 3，2005.

只是某一局部的破坏，也可能给整个系统带来广泛而且逐渐升级的后果。每个成员执行着某一功能，只有每位成员都健康，商业生态系统才会繁荣。如果某一结点的缺失、某个重要的成员受到损害、某部分的资产失去平衡，那么将对整个系统造成或大或小的破坏，整个系统的持续存在必然受到不利影响。

2. 共同演化

共同演化是指商业生态系统中经济活动者之间、经济活动者与环境之间以及一个系统与另一个系统之间的动态性相互作用关系。企业组织是一个复杂的开放系统，它深深地楔入整个人类生存环境中，同整个社会经济系统成为一体。[①] 尤其在当今全球化经营实践中，由于一个公司可能只拥有相关价值链上的部分环节，因而企业与其所处的经济社会生态环境的相互协调和共同演化已日益成为企业成功的决定因素。当今的管理实践所展现的从单纯型竞争模式向合作型的竞争模式的转变，正是这种共同演化原理的充分体现。出于优势资源互补、降低成本、分摊风险、规模经济等战略角度的考虑，越来越多的企业与相关的各方不是简单的竞争或合作，而是既竞争又合作，谋求系统的共同演化。这种合作竞争模式打破了传统的以单个企业为依托的战略思想，而代之以企业生态系统为依托。[②] 2002 年丰田整车项目在天津开发区的落户，由于汽车产业的关联度较强，涉及 2 万多个产品，带动 79 家汽车相关项目及配套厂商先后聚集天津，其中 45 家企业为丰田做配套，形成了一个围绕丰田的大批配套企业集聚的汽车企业生态系统。丰田汽车生态系

① 彭新武：《当代管理学研究的范式转换——走出"管理学丛林"的尝试》，载于《中国人民大学学报》，2007 年第 5 期。

② 宋阳、祝木伟：《企业生态理论对我国中小企业成长的启示》，载于《湖湘论坛》，2004 年第 4 期。

统内的各个组织成员相互关联、相互影响，每个结点组织的战略和行动都会对其他结点组织的战略和行动产生影响，为了适应不断变化的环境，结点企业在经济、文化、地域、技术等各个层面进行相互合作，共同适应环境变化。[1] 商业生态系统是要给消费者提供一系列产品，使消费者不光从主要产品的使用中获得愉悦，而且得到最大限度地使用。滑雪消费者不再只是寻找最好的雪橇，而是要求最好的滑雪体验，包括旅馆、滑雪学校、餐厅等。消费者不再只专注于单个产品，而是看重一个产品或者服务的复杂体系。商业生态系统中不同成员只有共同努力，才可实现更短的创新周期和更大的覆盖范围，才能维持和发展好客户关系。

共同演化是一个比竞争或合作更为重要的概念。[2] 一种产品的设计、生产或分销过程中涉及很多的参与者，形成了共同命运的格局。在商业生态系统中，根据对企业经营产生直接或间接影响的诸多物种在系统中的不同分工，将诸物种划分为生产者、消费者和分解者。系统中的生产者将企业的产品和服务转化成企业的利润；消费者在对产品和服务的"消化"中培育了为生产者提供后续生产要素的能力；分解者扮演着处理生产者和消费者的废品物资的角色，维护商业生态系统的持续发展。因此，商业生态系统中的各个物种，在自我发展的同时，积极配合系统中其他成员，合理分工，形成同一价值链上不同环节的有机联系，实现多方面技能、互补性资源的有效融合，充分发挥商业生态系统的效能，实现各个成员共同演化。许多企业成功的一个共同原因在于很大程度上欣然地将自己置于与其共命运的商业网络中，这些企业能够识别和利用商业生

---

[1]　李玉琼、朱秀英：《丰田汽车生态系统创新共生战略实证研究》，载于《管理评论》，2007 年第 6 期。

[2]　Moore J. F.，*The Death of Competition：Leadership and Strategy in the Age of Business Ecosystems*，HarperCollins，2016.

态系统所创造的机会，关注自身内部的能力，并保持二者之间的动态平衡。一个具有吸引力的商业生态系统横跨了许多行业，各个成员致力于寻找新思想，发掘潜在的需要，并把它们创造性结合到新的经济活动范式当中，同时，注重引进新型参与者，推动共同体协调发展，竞争也仅仅围绕着争夺内部的领导或中心进行。

3. 定位卡位

定位卡位是指商业生态系统中的一个经济活动者为了获得好的市场绩效和生存状态，需要有正确的位置观念，做好生态位定位策略和卡位策略。定位卡位，一方面，企业要找到适合自己的生态位。生态位是用来表示自然生态系统中一个种群在时间、空间上的位置及其与相关种群之间的功能关系，反映某一生态位的生物种群，其就只能生活在确定环境条件的范围内，也只能利用特定的资源，甚至只能在适宜时间里在这一环境中出现。一般而言，商业生态位重叠密度越大，企业之间对资源的竞争就越大；重叠密度越小，企业之间的互惠性就越大。企业生态定位就是企业明确而简洁地解释自身在物质资源、能量和信息是如何区别其他企业，特别是竞争对手的。许多规模和实力都很弱小的中小型企业也可以与那些可谓庞然大物的巨型企业在市场中共同生存和发展，其根本原因就在于它们拥有不同的生态位。

另一方面，企业不能局限于现有的生态位。企业盈利能力首要的和根本的决定因素是产业结构性吸引力，并非所有产业都提供均等的盈利机会；其次的因素便是企业在产业中相对竞争的地位，在大多数产业中，不论其产业平均盈利能力如何，总有一些企业比其他企业获利更多。[①] 市场上有利润稀薄区和利润厚重区，但是市场

---

① 波特：《竞争战略》，华夏出版社 2005 年版。

的变化会引起利润区的变化：在某个时空中的无利润区可能在另一个时空中是利润稀薄区或利润厚重区，同样，在某个时空中的利润稀薄区或利润厚重区可能在另一个时空中是无利润区。[①] 产业吸引力总是伴随着产业结构的变化而变化。根据空间的有限性原理，优势生态位是稀缺的，企业坐上这个生态位，可以创造更多的价值，获得更多的利润回报。因此，人们必须记住，不是所有的生态系统和生态系统中所有角色都有利可图。[②] 企业需要对现实的和期望的生态位的回报率、自己控制生态位的能力和决心、重叠各方的竞争力全盘考虑，从而决定选择使用生态位坚守、移动或分离策略。

4. 动态能力

动态能力，简单来说，就是指企业精于变化，在动态竞争中维持一个好的生存状态的能力。精于变化，就要对所处环境保持敏感。生命周期长的公司第一个基本素质就是其对自己周围的环境都非常敏感，这代表了公司的创新与适应能力。不论是通过新技术还是通过自然资源来获得财富，长寿公司与周围的世界都是非常和谐的。虽然战争、大萧条、技术与政治变迁在它们周围显得变化莫测，但它们似乎总是善于调整自己，永远能因时制宜。总能从外面获取信息，可以对周围的环境做出及时的反应。[③]

精于变化，就要准确动态调整对市场和产品的定义，在顾客价值竞赛中成为领跑者。企业个体的行动和思想影响市场的界限。新

---

① 亚德里安·斯莱沃斯基、大卫·莫里森、鲍勃·安德尔曼：《发现利润区》，中信出版社 2010 年版。

② 穆尔：《竞争的衰亡：商业生态系统时代的领导与战略》，北京出版社 1999 年版。

③ 德赫斯：《长寿公司：商业"竞争风暴"中的生存方式》，经济日报出版社 1998 年版。

产业的创建，现有产业的再创，都可能有超越想象的极大的可行空间。企业一方面要看到新兴产业中快速增长的市场，另一方面，也应该看到一些企业在日渐衰落的产业中获得成功。产业在不断被开创和扩展，企业个体可以通过自己的行动和信仰重新建造市场界限和产业结构。建立系统学习循环，提升系统的学习能力，将发现的商机和试验中产生的思想转变为顾客的使用价值和投资者的利润。在不可预见的变化市场中，能以快速、低耗的方式识别顾客需求、实现顾客需求和创造顾客需求。

精于变化，就是要善于规避不健康的商业生态系统。如果一个企业将自己的命运与一个不健康的商业生态系统联结在一起，那它未来的前景就充满了不确定性。特别是对中小企业而言，整体思考具有重要意义。如果中小企业所参与的生态系统是健康的，那么依靠并利用大公司所创设的集中化产业平台是提升竞争优势的一个重要源泉。因为与中小企业自己形成的解决方案相比，这些平台常常能提供某些更优越的方案。

第二节 商业生态系统的理论脉络与方向

尽管商业生态系统理论自 1993 年穆尔提出以来已有 20 多年的发展，但由于商业生态系统是一个难以描述的复杂系统，分析商业生态系统并制定合理的商业生态系统战略不是一项轻松的任务，因而相关理论研究成果偏少，[①] 理论视角多、成果零散、缺乏整合，[②]

[①] Li Y. R. , "The Technological Roadmap of Cisco's Business Ecosystem", *Technovation*, No. 5, 2009.

[②] 夏清华、陈超：《商业生态系统"5C 模型"与未来研究拓展》，载于《经济管理》，2015 年第 10 期。

与现实需要之间存在较大的理论缺口。商业生态系统的健康影响个体企业产品与服务的创造与传递，那么企业知道应做什么的前提就是理解商业生态系统及其在系统中所承担的角色。因此，对与商业生态系统理论相关的学术论文进行梳理，在 Web of Science 数据库中商业与管理领域以"Business Ecosystem"为主题的论文 120 篇、谷歌学术中显示每个年度被引次数靠前的论文以及中文社会科学引文索引（CSSCI）收录标题中含有"商业生态"的论文 69 篇，由此绘制出商业生态系统理论演化的脉络图（如图 2 - 2 所示）。理论梳理包括两个方面：（1）现有的文献主要聚焦的问题以及解决的程度；（2）今后哪些问题比较重要，需要优先解决。

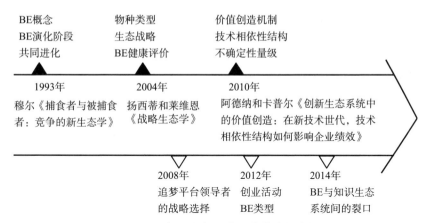

图 2 - 2　商业生态系统理论的演化脉络

注：图中 BE 表示商业生态系统。

一、商业生态系统的理论脉络

商业生态系统思维能够发现不同企业间的互补性，甚至是相互依赖的关系，这一点对于任何企业的可持续发展都非常重要。经过

对商业生态系统文献梳理发现，穆尔（1993）①、扬西蒂和莱维恩
（2004）②、阿德纳和卡普尔（Adner and Kapoor，2010）③ 的三篇论
文在商业生态系统理论研究上具有里程碑效应，如图2－2所示。
穆尔（1993）发现，激发当前行业转型的主要因素不是个体企业
间的竞争，而是商业生态系统间的竞争。④管理者忽视新商业生态
系统的兴起或者现有商业生态系统之间竞争，将会付出难以承受的
代价。商业生态系统从一个随机元素的集合逐步发展成一个更加结
构化的共同体。扬西蒂和莱维恩（2004）则将视角聚焦一个商业
生态系统中的物种分类，提出对于每一个物种较为合适的生态战
略，以及为商业生态系统健康评价提出一个可行的方法。⑤阿德纳
和卡普尔（2010）则研究在一个创新生态系统中，技术相依性结
构和技术不确定性量级如何影响技术领导者的价值创造和价值获
取。⑥1993～2004年的文献主要围绕商业生态系统的分析框架、共
同演化机制和进程展开；2004～2010年的文献主要聚焦于商业生
态系统中的居住者类型、生态战略选择以及商业生态系统评价策略
研究；而2010年之后文献研究的焦点是价值创造和获取机制、商
业生态系统中的技术创新、模式创新、商业生态系统类型以及商业
生态系统与其他生态系统之间的联系，如平台领导者、知识生态系
统、创新生态系统和产业生态系统。现有的文献主要存在四个理论
视角：研究成员角色的生态视角、研究成员网络结构的复制系统视
角、研究平台企业和互补企业关系的平台视角、研究开放式创新的

①④ Moore J. F. , "Predators and Prey：A New Ecology of Competition", *Harvard Business Review*, No. 3, 1993.

②⑤ Iansiti M. , Levien R. , "Creating Value in Your Business Ecosystem", *Harvard Business Review*, No. 3, 2004.

③⑥ Adner R. , Kapoor R. , "Value Creation in Innovation Ecosystems：How the Structure of Technological Interdependence Affects Firm Performance in New Technology Generations", *Strategic Management Journal*, No. 3, 2010.

创新视角。[①]

二、商业生态系统的理论方向

沿着当前商业生态系统理论的演化脉络，有三个议题将是今后研究的焦点：（1）价值议题，研究商业生态系统在价值创造方面扮演的角色。价值议题包括如何理解商业生态系统及其居住者的价值创造和获取的机制、价值元素对于商业生态系统演化过程的影响以及基于价值的商业生态系统健康评价。需要进一步研究嵌入性（Embeddedness），已建成价值链或平台生态系统的嵌入式资源通过触发更大的网络效应赋能利益相关者，可获得更多机会连接和价值共创。研究商业生态系统的嵌入性，将可以探索如何动用嵌入式资源来更新现有商业生态系统，能够理解嵌入式资源池中的关键利益相关者角色及其相互作用关系，能够掌握如何培养嵌入式资源池并将其与现有的或新的商业模式进行平衡的策略。[②]（2）战略创新议题，即跨越企业、行业、地区边界，充分理解组织间的相互作用，从而设计或重构价值网络的连接，探索商业生态系统移植、新物种和新生态位的形成规律，发现和利用新的市场机会。商业国际化，会产生与国内商业不一样的生态系统，如何控制不同区域内的生态系统玩家以形成一致性行动，或者吸纳更多的有贡献力的参与者和创新活动，需要更深入地探索。（3）组织动力与设计议题，即研究推动商业生态系统演化的更多的动力源，以及焦点企业有效选择和管理互补者所需要的组织形式，特别是新兴产业或产业转型

---

① 夏清华、陈超：《商业生态系统"5C 模型"与未来研究拓展》，载于《经济管理》，2015 年第 10 期。

② Rong K.，Lin Y.，et al.，"Business Ecosystem Research Agenda：More Dynamic，More Embedded，and More Internationalized"，*Asian Bus Manage*，No. 17，2018.

过程中的组织架构。通过这个议题的研究，目的在于如何塑造商业生态系统的组织愿景，使得各个利益相关者，共享生态系统良好的外部性，共赢发展。

第三节　企业间生态关系模型

任何企业及其供应商、分销商、外包服务公司、融资机构、关键技术提供商、互补产品制造商、竞争对手、客户、监管机构、媒体和相关的政府机构等都是商业生态系统中的物种。企业的经营大环境是一个联系紧密、互为依赖的共生系统。未来的竞争不再是个体公司之间的竞赛，而是商业生态系统之间的对抗。目前世界上不少企业已经认识到这一点，在制定公司战略时，不仅仅着眼于公司本身，还从企业所处的整个商业生态系统出发，确定企业在系统中扮演的角色以及与其他企业的互动关系，以期长期保持有利的生存环境。如美国航空公司和美国西南航空公司从波音公司购买飞机时就达成互补合作，形成足够大的订单获取优惠补偿；通用汽车公司、福特公司、克莱斯勒公司联合研发同一动力系统，这样既节约成本又降低风险。企业全面分析其所处的商业生态系统中与其他企业之间的互动关系，对于企业认识和把握自己的定位至关重要。因此，将以新古典经济学和演化经济学的理论范式，尝试用数学语言定义出商业生态系统中企业之间的互动关系，然后在此基础上对商业生态系统中企业之间的关系进行模型构建。

一、生态关系的界定

类似于价值链、联盟等概念，商业生态系统的逻辑也是以价值创造和价值共享为起点，基于一个开放系统的视角探索实力对等或不对称经济活动者之间关系生成、构建、维持、治理和创新的问题。[①] 商业生态系统是一个共生、共创和共享的价值秩序系统，各个经济活动者的功能是不完整的，且仅承载其最具优势的功能，因此，各个活动者之间需要彼此协同和相互增强。[②] 在商业生态系统中各个经济活动者为了获取生产要素市场上的稀缺资源或是为了占领特定产品市场空间以求得生存和发展，必然与其他参与者及生存环境存在着互动关系。根据企业间的仿生联系，将这种互动关系分为商业共生、商业共栖、商业偏害、商业互利共生、商业竞争、商业捕食六种，并通过数学语言进行了以下界定。

定义 1　共生关系

若经济活动者 A 的生存水平（经济活动者资源能力、经济活动者估值或市值）直接受到经济活动者 B 的影响，则称经济活动者 A 与经济活动者 B 共生，记为（A，B）。

从定义 1 可知，当一个经济活动者生存变化直接改变另一个经济活动者的生存水平时，这两个经济活动者必存在共生关系。

定义 2　连接关系

当且仅当经济活动者 A 对经济活动者 B 的生存水平有直接影响，称经济活动者 B 与经济活动者 A 之间存在着连接关系，或者称经济活动者 A 影响经济活动者 B，记为 A→B。当且仅当经济活动者 A 对经济活动者 B 的生存水平没有直接影响，称经济活动者 B 与经济活动者 A 之间不存在着连接关系，或者称经济活动者 A 不

---

① 尹波、赵军等：《商业生态系统构建，治理与创新研究——以泸州老窖商业生态系统战略为例》，载于《软科学》，2015 年第 6 期。

② 王明春：《商业生态模式的三大红利》，载于《企业管理》，2017 年第 1 期。

影响经济活动者 B，记为 $A^0 \to B$。

从定义 2 可知，$A \to B$ 连接关系必然是（B，A）共生关系。

定义 3　正连接关系

当且仅当经济活动者 B 与经济活动者 A 之间具备以下两个条件：（1）$A \to B$；（2）经济活动者 A 生存水平增加时经济活动者 B 的生存水平增加，经济活动者 A 生存水平降低时经济活动者 B 的生存水平也降低，称经济活动者 B 与经济活动者 A 存在正连接关系或称经济活动者 A 正影响经济活动者 B，记为 $A^+ \to B$。

定义 4　负连接关系

当且仅当经济活动者 B 与经济活动者 A 之间具备以下两个条件：（1）$A \to B$；（2）经济活动者 A 生存水平增加时经济活动者 B 的生存水平减弱，经济活动者 A 生存水平降低时经济活动者 B 的生存水平增加，称经济活动者 B 与经济活动者 A 之间存在负连接关系，或称经济活动者 A 负影响经济活动者 B，记为 $A^- \to B$。

在商业生态系统的进化中，若各个经济活动者间的负连接关系在不断减弱，正连接关系趋向增强，那么将有利于各个经济活动者的生存发展。通过经济活动者间功能的互补和替代作用，经济活动者间的相互调节就会恢复和提高适应环境的整体水平。

定义 5　共栖关系

当且仅当 $A^+ \to B$ 且 $B^0 \to A$ 成立，经济活动者 A 与经济活动者 B 之间存在共栖关系。该生态关系可以表示为（＋，0）。

定义 6　偏害关系

当且仅当 $A^- \to B$ 且 $B^0 \to A$，经济活动者 A 与经济活动者 B 之间存在偏害关系。该生态关系可以表示为（－，0）。

定义 7　互利关系

当且仅当 $A^+ \to B$ 且 $B^+ \to A$ 成立，经济活动者 A 与经济活动者 B 之间存在互利共生关系。该生态关系可以表示为（＋，＋）。

定义8　竞争关系

当且仅当 $A^-\to B$，$B^-\to A$ 成立，经济活动者 A 与经济活动者 B 之间存在竞争关系。该生态关系可以表示为（－，－）。

定义9　捕食关系

当且仅当 $A^-\to B$，$B^+\to A$ 成立，经济活动者 A 与经济活动者 B 之间存在捕食关系。该生态关系可以表示为（－，＋）。

定义10　适应关系

经济活动者 A 适应指经济活动者 A 在没有其他经济活动者辅助的情况下，适应它的周围环境和自身变化而调整生存水平的行为。

可见，定义1至定义9描述的是经济活动者 A 与经济活动者 B 之间的生态关系，定义10描述的是经济活动者与环境之间的生态关系。

二、生态关系数学模型

商业生态系统中的经济活动者，包括生产者、供应商、经销商、中介机构、消费者以及其他利益相关者等，这些成员通过价值或利益交换的关系共同构建价值链，不同价值链之间相互交织形成价值网。[①] 经济活动者可以被估值或者存有一定市值，因而一个特定的经济活动者可被视为一个价值体，这个价值体包含支撑经济活动者估值或市值的一定数量的价值单元。合作、竞争、并购活动影响经济活动者的估值或市值。

1. 单个经济活动者的环境约束模型

假设在一个固定生存环境内只有一个经济活动者，经济活动者

---

① 刘刚、熊立峰：《消费者需求动态响应，企业边界选择与商业生态系统构建——基于苹果公司的案例研究》，载于《中国工业经济》，2013年第5期。

自身生存只受到有限资源的限制。在给定的一段时间和某一地域空间内，假定各种要素禀赋一定，这样我们把各种生产要素、资源有效组合和充分利用的这样一种状态定义为自然状态。[①] 那么在自然状态下，该经济活动者的价值量将有一个潜在的极限，也就是说，必然存在一个最大的价值量，记为 N。该经济活动者的价值量是时间 t 的函数，用 $x(t)$ 表示。因为行业的技术、信息、分工、交易成本随时间 t 发生变化，也就会相应的影响价值量。每个行业产量的增长率随产出水平的提高而下降并趋于零。即，若定义自然饱和度为 $x(t)/N$，则 $x(t)/N$ 对 $x(t)$ 增长率存在阻滞作用。

仿照单个生物种群的逻辑斯蒂模型（Logistic Model），可以建立一个定义的环境里只有一个经济活动者价值量的增长变化的演化模型：

$$\frac{\mathrm{d}x}{\mathrm{d}t} = rx\left(1 - \frac{x}{N}\right) \tag{2-1}$$

其中，r 表示经济活动者价值量内禀增长率，不受环境制约。

若记 $x(0) = x_0$，求得式（2-1）解为：

$$x = \frac{Nx_0 e^{rt}}{N - x_0 + x_0 e^{rt}} \tag{2-2}$$

由结论我们可以推导出初始价值量 $x(0) = x_0 < N$，价值量会单调增长而趋于 N，而当 $x_0 < \dfrac{N}{2}$ 时，单调曲线在 $N/2$ 处有一个拐点。若 $x_0 = N$，则 $x(t) \equiv N$。若 $x_0 > N$，则产量单调下降地趋于 N。

所以这个模型中，容纳量 N 是一个对价值量限制的因子，N 本身依赖于环境。$x = N$ 是方程稳定的平衡点，是经济活动者最大的价值量。在这样的前提下，若想突破 N 的瓶颈，该经济活动者

① 陈雪梅：《中小企业集群的理论与实践》，经济科学出版社 2003 年版。

就必须扩充自己的生存空间，或转变生存环境。

2. 单个经济活动者成长的时变模型

逻辑斯蒂模型反映了一个事实：当在一个不变的商业生态系统中，一个经济活动者价值量增大时，它成长的阻力就会越大。但是在真实的环境中，商业生态系统是开放的，因此在任何时候可得资源的实际水平将取决于一段时间的资源的调节状况。假设经济活动者生存的环境常随时间变化，而且在这个生存环境中不只存在一个经济活动者，因此，经济活动者与环境、经济活动者与其他经济活动者的相互作用也会引起自身价值量的变化。这样，有必要考虑时变的经济活动者价值量模型。

仿生物时变模型，构建一般的经济活动者时变模型为：

$$\frac{dx}{dt} = xh(x, t) \qquad x(0) = x_0 \qquad (2-3)$$

假定 $h(x, t)$ 可以分解为：

$$h(x, t) = \alpha(x, t) + x^{K-1}\beta(x, t) \qquad (2-4)$$

其中，$\alpha(x, t)$ 表示每个经济活动者固有的价值量变化率，$x^{K-1}\beta(x, t)$ 表示一个经济活动者与其他经济活动者相互作用引起的价值量变化率（如外部效益、分工和专业化的协作等），其中 $K \geq 1$ 是常数，这样式（2-4）可写为：

$$\frac{dx}{dt} = x\alpha(x, t) + x^K\beta(x, t) \qquad x(0) = x_0 \qquad (2-5)$$

对模型 α 和 β 做出适当的假设后，可以分析式（2-5）解的性质。若设 $\alpha(x, t) \equiv \alpha$，$\alpha$ 为常数，$\beta(x, t) \equiv -f(t)$，这个假设反映经济活动者之间的竞争关系，且竞争大小与产品价值量率成正比，即 $K = 2$，此时，式（2-5）改写为：

$$\frac{dx}{dt} = x\alpha - f(t)x^2 \qquad x(0) = x_0 \qquad (2-6)$$

方程解为：

$$x = \frac{x_0 e^{\alpha t}}{1 + x_0 \int_0^t e^{\alpha s} f(s) \, \mathrm{d}s} \tag{2-7}$$

说明方程一定有一个渐近的上界 N，我们称为经济活动者的价值量容纳量。此容纳量不仅反映了环境的限制，也反映了其他经济活动者对经济活动者价值量的限制。此外，该模型对一个经济活动者和下属几个分公司价值量的关系更有解释意义。

3. 经济活动者竞争模型

经济活动者逻辑斯蒂模型只描述给定环境中唯一的一个经济活动者价值量的演变过程，而更多的是同一个环境中有两个或两个以上经济活动者生存，那么它们之间就会存在或是相互竞争，或是相互依存，或是弱肉强食的关系。为了分析的简便，我们只考察商业生态系统中两个经济活动者的相互关系（以下同）。

假定经济活动者 1 和经济活动者 2 各自独自在一个经济活动者生境中生存时，经济活动者价值量的演变均遵从逻辑斯蒂规律。记 $x_1(t)$、$x_2(t)$ 分别是两个经济活动者的价值量，r_1、r_2 分别是它们固有的价值量率，N_1、N_2 分别是它们最大的价值量。经济活动者 1 和经济活动者 2 在同一个环境中生存时，存在着相互竞争关系，相互影响对方的价值量，建立的模型为：

$$\begin{cases} \dfrac{\mathrm{d}x_1}{\mathrm{d}t} = r_1 x_1 \left(1 - \dfrac{x_1}{N_1} - \delta_1 \dfrac{x_2}{N_2} \right) \\ \dfrac{\mathrm{d}x_2}{\mathrm{d}t} = r_2 x_2 \left(1 - \dfrac{x_2}{N_2} - \delta_2 \dfrac{x_1}{N_1} \right) \end{cases} \tag{2-8}$$

其中，因子 $\left(1 - \dfrac{x_1}{N_1} \right)$ 反映由于经济活动者 1 对于有限资源的消

耗导致的对它本身价值量的阻滞作用，由于经济活动者2是在同一环境中生存，它消耗同一种有限资源对经济活动者1产生影响因子为 $-\delta_1 \dfrac{x_2}{N_2}$，其中 δ_1 表示单位经济活动者2（相对于 N_2 而言）消耗的供养经济活动者1的资源为单位经济活动者1（相对于 N_1 而言）消耗的供养经济活动者1的资源的 δ_1 倍。类似地，对经济活动者2中的各因子可作相应的解释。

我们求出该模型的不动点及稳定条件如表2-1所示。

表2-1　　　　　　　经济活动者竞争模型的不动点及稳定条件

不动点	稳定条件
$(N_1,\ 0)$	$\delta_1 < 1,\ \delta_2 > 1$
$(0,\ N_2)$	$\delta_1 > 1,\ \delta_2 < 1$
$\left(\dfrac{N_1(1-\delta_1)}{1-\delta_1\delta_2},\ \dfrac{N_2(1-\delta_2)}{1-\delta_1\delta_2} \right)$	$\delta_1 < 1,\ \delta_2 < 1$
$(0,\ 0)$	不稳定

$\delta_1 < 1$，$\delta_2 > 1$ 意味着在对供养经济活动者1的资源竞争中，经济活动者1弱于经济活动者2；同时在对供养经济活动者2的资源竞争中经济活动者1强于经济活动者2，这样经济活动者2必然会倒闭，经济活动者1的价值量趋于最大价值量 N_1，即 $x_1(t)$、$x_2(t)$ 趋于平衡点 $(N_1,\ 0)$。当然，对于 $\delta_1 > 1$，$\delta_2 < 1$ 的情况刚好与此解释相反。当 $\delta_1 < 1$，$\delta_2 < 1$，说明在竞争经济活动者1的资源中经济活动者2较弱，而在竞争经济活动者2的资源中经济活动者1较弱，于是，可以达到双方共存的稳定平衡状态 $\left(\dfrac{N_1(1-\delta_1)}{1-\delta_1\delta_2},\ \dfrac{N_2(1-\delta_2)}{1-\delta_1\delta_2} \right)$。但是，需要注意，$\dfrac{N_1(1-\delta_1)}{1-\delta_1\delta_2} < N_1$，$\dfrac{N_2(1-\delta_2)}{1-\delta_1\delta_2} < N_2$。当 $\delta_1 > 1$，

$\delta_2 > 1$ 时不可能出现稳定解。

4. 经济活动者相互依存模型

（1）非对称实力结构共生模型。假设经济活动者 1 力量比经济活动者 2 的力量大得多，经济活动者 1 可以独立存在，其价值量按逻辑斯蒂模型规律增长，经济活动者 2 为经济活动者 1 提供必要的资源，有助于经济活动者 1 的成长，为经济活动者 1 提供中间产品，降低经济活动者 1 原材料的投入成本和提高中间产品质量。经济活动者 2 没有经济活动者 1 存在就会死亡，方程中的 r_2 为其价值量水平的负增长率，如果没有经济活动者 1，经济活动者 2 单独存在的市场结构中，其价值量水平可以描述为：

$$\frac{\mathrm{d}x_2}{\mathrm{d}t} = -r_2 x_2 \qquad (2-9)$$

由于经济活动者 1 的存在对经济活动者 2 意味着直接的市场规模的扩大、稳定的市场需求，这可以从经济活动者 1 为经济活动者 2 提供订单、进行市场调研、提供市场信息等方面得到解释。这样经济活动者 2 的价值量水平可以描述为：

$$\frac{\mathrm{d}x_2}{\mathrm{d}t} = r_2 x_2 \left(-1 + \delta_2 \frac{x_1}{N_1} \right) \qquad (2-10)$$

其中，δ_2 表示每单位经济活动者 1 自然市场规模饱和度对经济活动者 2 价值量水平的贡献。假定 δ_1 表示单位经济活动者 2（相对于 N_2 而言）提供的供养经济活动者 1 的资源为单位经济活动者 1（相对于 N_1 而言）消耗的供养经济活动者 1 的资源的 δ_1 倍。另外效仿经济活动者竞争模型，经济活动者 1 和经济活动者 2 的最大市场规模饱和度对各自的价值量水平都有阻滞作用。这样经济活动者 1 和经济活动者 2 的共生模型为：

$$\begin{cases} \dfrac{\mathrm{d}x_1}{\mathrm{d}t} = r_1 x_1 \left(1 - \dfrac{x_1}{N_1} + \delta_1 \dfrac{x_2}{N_2} \right) \\ \dfrac{\mathrm{d}x_2}{\mathrm{d}t} = r_2 x_2 \left(-1 - \dfrac{x_2}{N_2} + \delta_2 \dfrac{x_1}{N_1} \right) \end{cases} \quad (2-11)$$

求出该模型的不动点及稳定条件如表 2-2 所示。

表 2-2 经济活动者依存模型的不动点及稳定条件

不动点	稳定条件
$(N_1, 0)$	$\delta_2 < 1$，$\delta_1 \delta_2 < 1$，
$\left(\dfrac{N_1(1-\delta_1)}{1-\delta_1\delta_2},\ \dfrac{N_2(\delta_2-1)}{1-\delta_1\delta_2} \right)$	$\delta_1 < 1$，$\delta_2 > 1$，$\delta_1 \delta_2 < 1$
$(0, 0)$	不稳定

可以看出，经济活动者 1 和经济活动者 2 共生的现实的稳定条件应该是：$0 < \delta_1 < 1$，$\delta_2 > 1$，$\delta_1 \delta_2 < 1$。$0 < \delta_1 < 1$ 表示经济活动者 2 对经济活动者 1 价值量水平的贡献相对来说比较小。直观的经济解释：一是经济活动者 2 为经济活动者 1 一般只做一道或几道工序，或提供一种或几种中间产品；二是在经济活动者 1 周围存在像经济活动者 2 类似的大量小经济活动者，这些经济活动者和经济活动者 2 相互间存在激烈竞争，接受经济活动者 1 的选择。$\delta_2 > 1$ 表示经济活动者 1 对经济活动者 2 的价值量水平的贡献相对来说比较大。经济上直观解释是，经济活动者 1 向经济活动者 2 下的订单一般来说是经济活动者 2 的全部或很大比例的价值量水平，而且提供市场需求结构、走向的分析，有时甚至进行部分直接投资。$\delta_1 \delta_2 < 1$ 表示经济活动者 1 和经济活动者 2 共生，必须要前者很小，后者较大。经济上直观解释是，在经济活动者 1 的周围必须要存在数目众多的类似经济活动者 2 的小经济活动者，并且彼此之间的竞争比较

激烈。

（2）对称式结构共生模型。假设经济活动者 1 力量和经济活动者 2 的力量持平，它们各自的存在对对方的价值量水平都有促进作用。此时，两者的共生模型为：

$$\begin{cases} \dfrac{\mathrm{d}x_1}{\mathrm{d}t} = r_1 x_1 \left(1 - \dfrac{x_1}{N_1} + \delta_1 \dfrac{x_2}{N_2} \right) \\ \dfrac{\mathrm{d}x_2}{\mathrm{d}t} = r_2 x_2 \left(1 - \dfrac{x_2}{N_2} + \delta_2 \dfrac{x_1}{N_1} \right) \end{cases} \qquad (2-12)$$

求解得到，经济活动者 1 和经济活动者 2 共生的现实的稳定条件应该是：$0 < \delta_1 < 1$，$0 < \delta_2 < 1$，稳定点是 $\left(\dfrac{N_1(1+\delta_1)}{1-\delta_1\delta_2}, \dfrac{N_2(1+\delta_2)}{1-\delta_1\delta_2} \right)$。$0 < \delta_1 < 1$，$0 < \delta_2 < 1$，表示经济活动者 1 和经济活动者 2 相互之间的贡献相对来说都不大。经济上直观解释是，经济活动者 1 和经济活动者 2 对于对方价值量贡献主要是通过分工引起的市场规模的扩大、技术和管理的模仿、产品和需求信息的共享、相互之间准组织性质的信任关系渠道，这与前述非对称实力结构共生模型有很大的不同之处。更深层的理解是，如果有众多的经济活动者 1 和经济活动者 2 存在于同一个市场结构中，要想共生，彼此间的条件都应该满足 $0 < \delta_1 < 1$，$0 < \delta_2 < 1$，换句话说，能够保持这个条件的唯一途径就是相互之间存在激烈的竞争。

（3）经济活动者食饵—捕食模型。假设经济活动者 1 想吞并经济活动者 2，仿照经济活动者竞争模型和共生模型的构造，我们不难建立经济活动者 1 和经济活动者 2 间的食饵—捕食模型：

$$\begin{cases} \dfrac{\mathrm{d}x_1}{\mathrm{d}t} = r_1 x_1 \left(1 - \dfrac{x_1}{N_1} - \delta_1 \dfrac{x_2}{N_2} \right) \\ \dfrac{\mathrm{d}x_2}{\mathrm{d}t} = r_2 x_2 \left(-1 - \dfrac{x_2}{N_2} + \delta_2 \dfrac{x_1}{N_1} \right) \end{cases} \qquad (2-13)$$

求解得到，经济活动者 1 和经济活动者 2 共生的现实的稳定条件应该是：$\delta_2 > 1$，稳定点是 $\left(\dfrac{N_1(1+\delta_1)}{1+\delta_1\delta_2}, \dfrac{N_2(\delta_2-1)}{1+\delta_1\delta_2} \right)$。$\delta_2 > 1$，表示经济活动者 2 想与经济活动者 1 获得共生，唯一的出路在于，经济活动者 2 对经济活动者 1 的价值量水平的贡献要足够大。

（4）经济活动者竞合模型。在这个模型中，我们不仅要考虑竞争的一面，也不仅要考虑合作的一面，而是要将竞争和合作两个方面结合起来考虑，并由此建立模型。两个经济活动者之间的竞争或两个经济活动者之间的合作，对某个经济活动者的作用并非只是要么积极要么消极单一方面作用。不管竞争也好，合作也好，都有可能刺激经济活动者的发展，也可能抑制经济活动者的发展。用 c_{ij}、o_{ij} 分别表示 j 经济活动者对 i 经济活动者的相关影响系数，其中 $-1 < c_{ij} < 1$，$-1 < o_{ij} < 1$。于是，建立模型：

$$\begin{cases} \dfrac{\mathrm{d}x_1}{\mathrm{d}t} = r_1 x_1 \left(1 - \dfrac{x_1}{N_1} - c_{12}x_2 + o_{12}\dfrac{x_2}{N_2} \right) \\[3mm] \dfrac{\mathrm{d}x_2}{\mathrm{d}t} = r_2 x_2 \left(1 - \dfrac{x_2}{N_2} - c_{21}x_1 + o_{21}\dfrac{x_1}{N_1} \right) \end{cases} \qquad (2-14)$$

我们求出该模型的不动点及稳定条件如表 2-3 所示。

表 2-3　　　经济活动者竞争与合作模型的不动点及稳定条件

不动点	稳定条件
$(N_1, 0)$	$1 - c_{21}N_1 + c_{21} < 0$
$(0, N_2)$	$1 - c_{12}N_2 + c_{12} < 0$
$\left(\dfrac{N_1(N_2 c_{12} - o_{12} - 1)}{(N_2 c_{12} - o_{12})(N_1 c_{21} - o_{21}) - 1}, \dfrac{N_2(N_1 c_{21} - o_{21} - 1)}{(N_2 c_{21} - o_{21})(N_1 c_{21} - o_{21}) - 1} \right)$	$1 - c_{21}N_1 + c_{21} > 0$ $1 - c_{12}N_2 + c_{12} > 0$
$(0, 0)$	不稳定

$1 - c_{21}N_1 + c_{21} < 0$ 或 $1 - c_{12}N_2 + c_{12} < 0$ 表示两个经济活动者激烈竞争超过了经济活动者间的有效合作，使得竞争对某一个经济活动者抑制力过大，最终导致只有一个经济活动者存在或者合并成一个经济活动者。$1 - c_{21}N_1 + c_{21} > 0$ 且 $1 - c_{12}N_2 + c_{12} > 0$ 表示经济活动者间的合作非常有效，虽然存在竞争，但两个经济活动者通过互补的优势在较长时间内可以存续，均获得长期发展。

通过构建商业生态系统中两个经济活动者间不同的互动关系模型，不但从理论上系统地描述了商业生态系统中经济活动者的互动关系，推动了目前该领域的理论研究，而且有助于在实践中为经济活动者如何在商业生态系统中分析互动关系，制定适时的经济活动者战略，为求得长期生存和发展提供有益的指导。现实中的商业生态系统是非常复杂的，一个经济活动者可能同时会与若干个经济活动者发生互动关系。即使一个经济活动者只与另外一个经济活动者有互动关系，随着外界环境的变化，经济活动者间的互动关系是动态的，因此也可能难以清晰地描述。更为重要的是，经济活动者和生态系统之间也存在相互选择的关系，强的经济活动者也许只有在自己所处的商业生态系统中才会是强者，弱的经济活动者也许在自己所处的商业生态系统中才能勉强生存，因此，艰难生存的经济活动者可能随着时间和市场的变化寻觅合适的发展机会，也可能在选择另外一个商业生态系统后焕发生机。

第四节　商业生态位

生态系统是由生物因子和非生物因子组成的自然单元，而这些因子间的相互作用使得系统可以自我延续。① 共同体被定义为自然形成的共同生活在同一个生境（Habitat）的不同物种的族群。特定物种的个体均在各自的小生境（Micro-habitat）中生存发展。居住在一个特定的小生境中的个体分别占据了一个生态位（Niche），其描述个体与其所处环境之间的功能关系。生境是环境的一个独特部分。生态系统生物因子和非生物因子都在发生变化。如图2－3所示，一个商业生态系统由各个物种的集合和生境的集合构成，物种的集合构成了共同体，共同体由很多物种构成，每一个物种和小生境集合为一个生态位。一个小生境可以与多种的个体发生关系，形成多个生态位；同样，不同物种的个体也可以占据多个生态位。

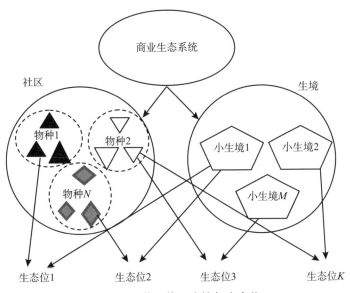

图2－3　共同体、生境与生态位

① Briscoe G. , Sadedin S. , De Wilde P. , "Digital Ecosystems: Ecosystem-oriented Architectures", *Natural Computing*, No. 3, 2011.

一、生境与生态位

1. 生境

商业生态系统不仅描述各个经济活动者（物种）之间的关系，同时也考虑经济活动者（物种）和环境之间的关系。商业生态系统中的环境包括自然环境、经济环境和社会环境。企业生态结构指企业生境、商业生态位、企业生态型、企业语言、企业密码和企业基因相互之间的关系。企业生境指企业特定的生存环境，包括对企业生存和发展有影响作用的外部自然条件和人文条件。[①] 组成生境的各种要素就是企业的生态因子。物质资源、能量（资金和人才）和信息是企业的三个基本生态因子。生境和企业是一个双向选择的互动关系。小商品类的企业在浙江义乌区域聚集，钟表企业在深圳聚集，就表现为企业对生境的选择，而中国市场经济的演变过程反映了民营企业的发展环境对企业的选择。企业和生境相互选择可能会导致企业与生境变化相配合的周期性变化规律，即企业的物候特征。

2. 生态位

商业生态位指企业在生境中的定位，即选择符合企业发展目标所需要的资源、能量和信息等生态因子。在生物学里，基因和基因密码对生物的生存发育、成长起着关键作用，企业基因不同于双螺旋结构物质，而是企业思想，其核心是决策者的思想。企业思想是决策者通过自身的学习积累、提炼员工的智慧并创造性整合出来

---

① 蔡维钧：《企业的整体运作》，广东经济出版社 2004 年版。

的，在企业内部深入传播，广泛影响着企业员工的行为。企业决策者间的沟通方式和途径是每个企业所独有的，就是企业密码。企业密码决定着企业基因，企业基因传承企业密码。企业思想是通过企业语言表示出来的，企业语言就是企业表达自己的行为方式，管理者不仅要读懂企业的语言，还要会主导企业语言的表达。

生境对企业的选择迫使企业必须根据生境的动态变化来不断地对自己的基因进行变异，改变自己的密码和语言。因此，同一个企业在不同的生态环境中就可能出现不同的形态结构和企业特性，其企业语言并非一致，这就是企业的生态型。不同的生态型反映在企业语言对时空的差异，这种差异源于企业基因对环境的适应而做出相应的变异。通常企业的生态环境是对企业群体产生筛选作用：部分企业选择更适合自己的环境，部分企业为了长期的利益进行变异，部分企业因不适应环境而倒闭。这种选择保持了环境的连续性和稳定性。

企业界的情况与生物界十分类似，每个企业都有自己的"生态位"。许多规模和实力都很弱小的中小型企业也可以与那些可谓庞然大物的巨型企业在市场中共同生存和发展，其根本原因就在于它们拥有不同的生态位。自然界中每个物种在进化过程中经过自然选择，形成特定的形态和功能，在生态空间中占有特定的生态位，形成生命系统的多样性。在自然生态系统中，只有生态位重叠的生命系统才会产生争夺生态位的竞争，竞争是争夺最适宜生存的生态区域。自然物种的生态位实际上是物种能获得和利用的生态资源空间，生态位越宽，物种的适应性越强，可利用的资源越多，物种的竞争力越强。企业与自然生命系统不同，自然生命系统之间的竞争是在现有资源空间中争夺生存资源的竞争，自然生命不能创造其自身需要的资源空间，而企业一般来说在其存续期间没有特定的形态，它不但可以经营任何行业与产品，而且可以创造出其生存所需的空间。因此，企业竞争生态位选择表现为在现有生态空间中的生态位选择和生态空间创新选择。

生态位定义不仅是一个空间概念，而且也反映出资源和竞争的关系。生态位与个体间或组织间的竞争联系起来，竞争效应是两个相似的族群极少占据相似的生态位。若将空间概念与竞争关系进行融合，一个生态位可以视为由物种可以无限期存在的环境条件所塑造的超体积（Hypervolume）。[1] 作为多元空间的生态位，包含生物体的环境，这些环境影响其生存、发育和成功繁殖潜力，因此需要考虑企业与环境的适应性。超体积又可分为繁殖超体积和生存超体积，前者与一个物种的繁殖有关；后者与一个物种的生存有关。生态位又可以区分为基础生态位（Fundamental Niche）和实际生态位（Realized Niche）。基础生态位指能够为一个特定物种所居住的理论上最大的生态位空间，即所有可能条件的多维环境空间的一个子集，在这个子集中，一个物种在缺失竞争的情况下可以维持生存。实际生态位是指由于物种间相互作用导致某一物种实际占有的生态位空间，即存在物种的多维环境空间的子集，通常假设该生态位是基础生态位的子集。[2]

通俗地讲，生态位是这样的一个概念：如果某一生物种群的生态位一旦确定，其就只能生活在确定环境条件的范围内，也只能利用特定的资源，甚至只能在适宜时间里在这一环境中出现。进一步讲，大自然中的物种，如果具有同样生活习性和生活方式，就不会在同一地方出现；如果在同一区域出现，那么大自然就会用空间将它们各自分开。例如，虎在山中行，鱼在水中游，猴在树上跳，鸟

---

① Pironon S., Villellas J., et al., "The 'Hutchinsonian Niche' as an Assemblage of Demographic Niches: Implications for Species Geographic Ranges", *Ecography*, No. 7, 2018.

② McGill B. J, Enquist B. J, et al., "Rebuilding Community Ecology from Functional Traits", *Trends in Ecology & Evolution*, No. 4, 2006.

在天上飞；如果它们在同一地方出现，则它们必定利用不同的食物生存，例如，虎吃肉，牛羊吃草，蛙吃虫；如果它们需要的是相同的食物，那它们寻找食物的时间必定错开，例如狮子白天寻食，老虎傍晚寻食，狼是夜间寻食，这就是"生态位"思想。在动物界中没有两种动物的生态位完全相同。如果生态位接近就会造成残酷的竞争。如"一山不容二虎"，强者进入弱者的领域就会出现"龙陷浅滩"及"虎落平阳"的困境，弱者进入强者的领域则会出现"大鱼吃小鱼，小鱼吃虾米"的效应。因此，强者只是在合适的生态位上才是强者，弱者只能在适合的生态位上才能自由生存。

二、商业生态位分析维度

惠特克（Whittaker，1973）将生态位定位为一个种群在时间、空间上的位置及其与相关种群之间的功能关系，分三个层次描述：（1）功能概念，生态位作为在一个给定的群落中一个物种的角色或位置，或称功能生态位；（2）分布概念，生态位作为一个种群在环境与群落范围中的分布关系，或称为生境、空间生态位；（3）综合概念，若不仅从群落内部，而且跨群落去定义，生态位是功能生态位和生境的混合物。[①] 生态位现象对所有生命现象而言是具有普遍性的一般原理，它不仅适用于自然界，同样适用于商业界。商业世界中各个行为者，我们称为经济代理或玩家。如图2-4所示，一个企业的生态位可用坐标系中区域表示，其中时间维度表示在这个生态位上，与时间相关的活动惯例属性，如机会、经营时机、日常经营活动时间段等；空间维度表示在这个生态位上，与空间相关

---

① Whittaker R. H., Levin S. A., Root R. B., "Niche, Habitat, and Ecotope", *The American Naturalist*, No. 955, 1973.

的活动惯例属性，如经营位置、渠道、经营活动范围等；资源维度表示在这个生态位上，与资源相关的活动惯例属性，如一般资源、核心资源、动态能力等。

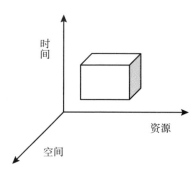

图2－4　商业生态位的三个维度

　　商业生态位具有独特性、可持续性和讨价还价的能力。① 占领一个好的生态位会给企业创造时间优势、空间优势和资源优势，但影响企业占位卡位有三个关键因素：（1）碰巧，居住某个生态位是因为一种偶然的、意外的因素；（2）外力，居住某个生态位是因为强大的外部力量的操纵；（3）内力，居住某个生态位是因为自身实力的选择。作为科学研究，更应该去关注可复制性场景，那么研究如何占领一个好的生态位，焦点应放在外力和内力因素，而不是碰巧的偶然性因素。

　　商业生态位包括三个方面的内容：（1）企业承担的系统功能。企业的生态系统功能是为最终用户提供价值。任何企业都难以独自完成某个系统的全部功能，往往仅承担该系统中的一个或几个子功能。同时，系统的子功能也有主要与次要之分。（2）企业的位置。

----

　　① 杜玉申、陈丽壮：《利基企业商业生态系统战略研究》，载于《科技进步与对策》，2014年第18期。

企业的位置包括地理位置以及企业在价值网中的位置。通常企业的地理位置与企业的可利用资源之间具有很强的相关性。例如，大部分企业的市场一般是以企业所在地为中心的一个区域，雇员大部分来自周边地区。企业在价值网中的位置有两层含义：一是企业处于哪些价值链的交点上，二是企业在一条价值链的哪个部分。一般说来，企业能力范围内所参与的价值链越多，企业规避风险的能力就越强，企业的经营风险就越小。在一条价值链中，每一部分的利益都不相同。在企业生态系统中，价值链的两端获取利益最大，而处于中间区域的往往只能获得较少的价值。（3）企业的控制资源。控制资源包括：消费资源，指企业已经掌握的用户群体，包括市场份额和品牌忠诚度；供应资源，指企业的供应商群体，包括供应商的数量、供应产品的质量以及与供应商的关系；智力资源，指企业可以获取知识的来源，包括知识来源的范围和知识来源的质量；资本资源，指企业的资本来源。包括出资者的范围和出资者的稳定性。[①]

　　企业之间发生竞争的实质是：第一，企业的生态位发生部分或完全重叠。[②] 如果企业的生态位彼此相邻，则两个企业不发生竞争，但这样的生态位关系很可能是彼此回避竞争的结果。如果商业生态位是完全分开的，则两个企业就不会有竞争，但彼此之间的空白地带实际是资源的不完全利用。第二，资源相对不足。在特定的环境中，企业的发展终究要受到资源的限制，因此企业总会达到它的饱和水平。若企业数量无限制地增长，由于资源的限制，必将导致激烈竞争并使部分企业退出。企业竞争实质上是争夺稀有的生态

---

　　①　夏训峰、吴文良、王静慧：《生态位概念在企业管理方面的应用》，载于《商业时代》，2003 年第 248 期。

　　②　钱言、任浩：《基于生态位的企业竞争关系研究》，载于《财贸研究》，2006 年第 2 期。

资源，商业生态位是企业在整个生态资源空间中所能获得利用的资源空间的部分，即企业所利用的特定资源的集合。企业生态定位就是企业明确而简洁地解释其在物质资源、能量和信息等方面是如何区别其他企业，特别是竞争对手的。在一个特定的时期，一个企业的内外生态环境使其只能处于特定的生态位才能获得生存与发展。根据空间的有限性原理，优势生态位是稀缺的，生态定位清晰传达了企业持续生存的要素需求，在企业内部形成了一致的努力方向，同时，对阻止竞争对手朝着这一生态位努力起警示作用。

商业生态位区分为五大类型：一是空间生态位。[①] 空间生态位的差别是企业最常采用的竞争对策。企业根据自身的条件，选择最有利于自身发展的生存空间，有的可以在市中心站稳脚跟，有的可以深入居民小区，有的可以到郊区开辟阵地，有的还可以向广阔的农村市场和老、少、边地区进军。例如，肉鸡营销以出口为主，而生猪以内销为主。二是时间生态位。动物对觅食时间的选择很值得借鉴，有在白天行动的"昼行性动物"；有在夜间行动的"夜行性动物"；有在拂晓和黄昏行动的"拂泛性动物"，其选择不同时间生态位的最大意义在于减少觅食上的激烈竞争，减少与天敌相遇的机会。如24小时营业的便利店和快餐厅就是利用时间生态位的区别与大型商场和饭店进行竞争的，而农业企业所经营的反季节蔬菜更是利用了自然界的时间生态位差别。三是营养生态位。动物生存需要找准自己的营养生态位（功能生态位），也就是说，选择适宜的取食对象，而企业则必须对自己的目标客户进行定位。针对不同的目标客户，采用"目标客户生态位经营"策略，选择生产某档次的产品，或者细分品牌，实行不同大类的专业分工，使产品分别

---

① 夏训峰、吴文良、王静慧：《生态位概念在企业管理方面的应用》，载于《商业时代》，2003年第248期。

针对高、中、低收入客户，或者仅针对某一层次的客户，扬长避短，创造自己的经营特色。四是规模生态位。根据当地购买力的不同，采取大、中、小规模相结合的合理布局，选择适合自身的"生态位"，避开恶性竞争。五是业态生态位。更新经营业态以避免恶性竞争是现代行业发展的必然趋势。一些发达国家的经营已具有多种业态，除了我们熟悉的批发市场外，还有购物中心、超级市场、连锁商店、百货商店、品牌专卖、品牌折扣等。每个行业都应该有众多的业态，才能维持整个行业圈的共存共荣。

特定资源集合由物质、能量和信息三大类主要生态因子构成。其中，物质资源包括自然资源和政策资源，物质资源的获得是企业运作的必备条件。政府具有强大的行政能力，政策资源的利用对企业的生存与成长至关重要。能量资源包括资金和人才。企业的融资能力和人才储备能力代表着企业理论上的产出水平。信息资源由企业信息化的硬件和软件构成，信息的获得和流动水平反映企业技能可提升水平。

通过对企业竞争实质的分析，可以肯定企业之间若发生竞争，其所在的生态位一定有部分或全部的重叠。在实际经济生活中，有些企业热衷于模仿跟风，哪种经营领域能够赚大钱就一哄而起，不久便会掀起价格大战，继而又一哄而落，这种无序恶性竞争的结果是市场秩序混乱，劣质企业浑水摸鱼，优质企业也会利润下降并最终导致整个行业衰败。因此，探索新的企业竞争理念，建立良性有序的竞争环境，是现代企业无法推卸的责任。分析生态位模型，促进企业间共同演化，为现代企业新型竞争关系的建立提供了一个崭新的思路。

商业基础生态位是能够维持该商业活动持续的理论上最大的资源集合，反映了企业无竞争对手的情况下，最适应的该商业活动的全部环境空间。商业实际生态位是由于企业之间的相互作用而导致的特定商业能够实际占有的资源集合。因此，在一个商业生态系统中，两个商业单元的基础生态位不存在交集时，它们之间不会直接竞争；当存在交集时，必会发生竞争，重叠度越大，竞争越激烈。

企业的生存与发展除了取决于所依赖的资源（生态位），还决定于企业在生态位上的控制策略水平。一方面，若企业已经处于生存状态，由于环境条件的变迁，有可能有利的资源数量减少和质量变差，不利的资源数量增加和质量增强，企业的生存水平受到影响，于是，企业将自动调整自身的生存行为和生存方式以最大努力地保持良好的生存状态；另一方面，由于企业对于稀缺性资源需求是增长的，企业将会改善其生存环境或开拓新的生态位以达到更好的生存状态。

三、生态位决策过程

自然生态系统竞争排他性原理说明，生态位差异大的企业，彼此之间的竞争就小，甚至处于相互依赖的合作关系。反之，生态位越近似的企业，相互竞争就越激烈，生存压力就越大，选择压力也越大。这样的观点实际上解释了迈克尔·波特为什么将差异化战略作为一种基本的公司战略而加以强调，这就要求企业在经营活动中，一定要营造一种差异化的优势，通过自己的创新活动建立自己独特的核心竞争力，在市场竞争中与竞争者分占不同的生态位，保持个性，从而才能赢得长期的竞争优势。借鉴生态位的理论和实践，企业应重新在功能、产品和时空上给自己进行科学的定位，并尽快从恶性竞争中解脱出来，因而企业要有"生态位经营"和"共存共荣"的理念。当前，绝大部分商品都供过于求，市场竞争空前激烈，任何企业都难以满足市场的所有需求，因而任何企业都不应试图在整个市场上争取优势地位，到处与人竞争，而应在市场

细分的基础上，选择对自身最有吸引力的，可为之提供有效服务的
市场部分作为目标，实施目标市场的营销战略，从而在目标市场上
确定自己适当的竞争地位。企业成功的关键就在于与竞争对手有所
区别，因此，要对自己的经营目标、经营品种、经营规模等进行认
真调整，必要时还要勇于"忍痛割爱""以退为进"。只有这样，
才能避开恶性竞争，为自己赢得生存和发展的空间。

1. 分析商业生态位特性

商业生态位宽度是指企业利用的各种各样不同资源的总和，从
单维考虑，即是企业在该维上所占据的长度，即企业所利用的各种
资源总和的幅度。一般来说，在资源贫乏的环境里，企业要增加生
态位宽度；而在资源丰富的环境里，生态位宽度可以缩减。商业生
态位重叠是指不同企业的生态位之间的重叠现象或共有的生态位空
间，即两个或更多的企业对生态位空间或资源状态的共同利用。资
源分享的数量关系到两个企业的生态要求可以相似到多大程度而仍
能共存，或相互竞争的企业究竟有多少相似刚好破坏彼此可以稳定
地共同生活在一起的状态。资源供应不足，生态位重叠一定导致竞
争；资源如果过剩，生态位即使完全重叠也不会对企业造成伤害。
不仅要考虑现实的商业生态位宽度，还要考虑企业需要的商业生态
位宽度，以及在这些生态位上商业生态位的重叠情况。

2. 评估生态位重叠企业

企业坐上某个生态位，能产生多大的能量，即可以创造多大的
价值和获得多少的利润回报，是决定企业以何种策略处置这个生态
位的一个关键点。如果在这个生态位企业的回报高，企业为获得这
个生态位会更加努力，反之则相反。如果资源稀缺情况下商业生态
位重叠，还需要考虑重叠企业的竞争力，当然对手竞争热情的大小

还取决于这个生态位对竞争对手的利益回报程度。同上，需要对现实的和期求的生态位的回报率和重叠各方的竞争力全盘考虑。

3. 选择策略

获取生态位是需要代价的，但是，对一个企业而言，不同的生态位意味着不同利价比，即获取的收益和付出的代价的比值不一样。通过准确判断现在和将来的商业生态位的重叠情况，重叠方的竞争力以及该生态位对各自企业的回报率，企业对不同的生态位选择不同的策略。生态位坚守策略就是全力以赴争取目标生态位。生态位移动策略就是指企业变动对资源谱利用。生态位分离策略是指企业与另一个企业在资源序列上利用资源的分离。错位经营是指企业根据自身的资源组合和利用效率，选择区别于竞争对手的发展重点进行生产和经营。企业在经营过程中，应该像生态位分离原理描述的那样，彼此错落有致，形成错位经营，默契地相互依存，相辅相成，从而避免价格战、产品战和广告战，寻求共同的发展。企业错位经营的主要内容有：一是经营时间上的错位，即企业在经营过程中应该像老鹰、猫头鹰实行白天和黑夜的时间错位；二是经营空间上的错位，即所有的商业、企业不一定都往繁华的市中心集中，应该像沼泽地中的药类那样，各自选择有利于自己发展的生存空间；三是经营功能上的错位，包括经营规模、经营档次、经营业态、经营类别上的错位。企业要根据当地购买力的不同情况，采取多种经营业态结合的合理布局，各自选择好自己的生态位，各就各位避开过度的残酷竞争。

企业在发展的过程中，必须对自己的生态位进行控制和优化，以适应和改造生态环境或者选择新的生态位和生境。生态位控制包括两个方面的内容：拓展生态位和调整生态位。一个企业成功的发展必须善于拓展生态位和调整生态位，以改造和适应环境。只开拓不适应缺乏发展的稳度和柔度；只适应不开拓缺乏发展的速度和力度。企业在成长的过程中，对生态位的拓展速度要掌握好，避免过快，使企业发展失去连续性，在竞争中失败。企业生态资源状况对商业生态位具有决定意义，随着人类社会由工业社会迈向信息社会，企业生态资源概念的外延、内涵及企业对生态资源的占有方式正在发生深刻的变化。在信息社会，知识将作为占主导地位的资源和生产要素而存在，企业之间的竞争主要不是自然资源和其他有形资本的竞争，而是拥有知识和技术多少的竞争、知识创新的竞争。信息社会竞争的加剧和环境变化的加快，使得企业无法单纯依靠自己生态资源来满足市场的需要。虚拟生态位和生态资源的共享为企业的发展拓展了生态空间，虚拟生态位的实质是发挥自身优势，对外部资源和力量进行有效整合，拓展自己的生态资源，达到降低成本、提高竞争力的目的。所以，企业要善于利用和建立虚拟生态位，以丰富自己的生态资源，改善生存、竞争环境，从而占据有利的生态位。巨大的全球网络、信息的光速流动使得企业生态资源的共享简单而便捷。

总之，商业生态位是指企业在特定时期特定生态环境里能动地与环境及其他企业相互作用过程中所形成的相对地位与功能作用。商业生态位是联系企业自身生存发展与企业生存环境的纽带。企业要立足自身的实力和优势，分析环境的特点以及企业与环境的协调关系，利用企业的能动性，构建适合自身的生态位。本节重点分析了生态位模型，认为企业的生存与发展除了取决于所依赖的生态位，还决定于企业在生态位上的控制策略水平。一方面，若企业已经处于生存状态，由于环境条件的变迁，有可能有利的资源数量减少和质量变差，不利的资源数量增加和质量增强，企业的生存水平受到影响，于是，企业将自动调整自身的生存行为和生存方式以最大限度地保持良好的生存状态；另一方面，由于企业对于稀缺性资源需求是增长的，企业将会改善其生存环境或开拓新的生态位以达到更好的生存状态。借鉴生态位的理论和实践，企业应重新在功能、产品和时空上给自己进行科学的定位，并尽快从恶性竞争中摆脱出来，因而企业要有"生态位经营"和"共存共荣"的理念，准确地判断商业生态位宽度和商业生态位重叠情况，以及企业在生态位上创造的价值和自身以及生态位重叠企业的竞争力，并根据上述判断，决定选择使用生态位坚守、移动或分离策略。

第五节　商业生态系统演化与健康

生态分析表明，商业生态系统的发展进程、阶段和特征，类似于生物生态系统，在某种程度上是可以预测的。一个商业生态系统的形成缘由核心企业一粒创新的种子，围绕这粒种子开发顾客价值主张，吸引顾客和供应商以及其他伙伴加入，再通过合作扩大产品与服务的市场供给，进一步领导各个参与者改善市场提供物，持续创新或者被其他商业生态系统所取代。[1]

一、商业生态系统的生成演化阶段

卢等（lu et al.，2014）基于中国电动车产业案例，将商业生态系统生命周期描述为四个阶段——启动阶段、形成阶段、多样化阶段和聚敛阶段，并且发现在启动阶段，中国电动车产业从业者不是市场驱动力量，而是由政府驱动，这表明政府代理在该产业的培

---

① Moore J. F.，"Predators and Prey：A New Ecology of Competition"，*Harvard Business Review*，No. 3，1993.

育中扮演重要角色。①　我们将依据经典的穆尔理论，从系统均衡演化的层面，将商业活动划分为四个独特的阶段：开拓、扩展、领导、更新或死亡，而每一个阶段需要面对的合作挑战与竞争挑战存在差异。②

1. 开拓阶段

开拓阶段是指寻找有特殊生存力的新商业生态系统，促使它诞生并初具规模的这段时间。

开拓阶段的关键任务是创造比现状更卓越的价值。汇集各种足够正确的思想，寻找革新的种子，创造有价值的概念和活动。创业者需要聚焦定义顾客需要什么，即所主张的新产品和服务的价值，以及传递价值最好的形式。毫无疑问，核心在于满足顾客的需要并提供更富有价值的产品或服务。企业应与顾客和供应商一道确定并更有效地利用新的有价值的建议和范式，同时避免其他企业窃取这些思想以生产相似的产品。无视危机和机遇的公司与抓住机遇促成必要调整的公司之间有相当大的差别。总之，该阶段合作挑战是围绕一个创新种子，与顾客和供应商一起努力，定义出新的价值主张；竞争挑战是保护创意，避免其他人为定义相似的提供物而努力，同时缚牢核心顾客、关键供应商和重要渠道。

2. 扩展阶段

扩展阶段是指商业共同体扩充其范围和所有类型的消费资源的

---

① Lu C., Rong K., et al., "Business Ecosystem and Stakeholders' role Transformation: Evidence from Chinese Emerging Electric Vehicle Industry", *Expert Systems with Applications*, No. 10, 2014.

② Moore J. F., "Predators and Prey: A New Ecology of Competition", *Harvard Business Review*, No. 3, 1993.

时期。抓住可利用的供应的关键元素及相关的产品和服务，吸收新增加的顾客和风险承担者，团结可利用的并令人满意的潜在联盟中的各个元素。

扩展阶段的关键任务是建立核心团队。有效的商业生态系统必须通过扩展，有效的扩展必须在系统开拓者希望关注和开发的市场界限内建立核心团体。通过核心团队的力量，消除保守的潜在盟员合作的顾虑，谋求足够的早期赞助和支持，提升商业质量和规模经济。与供应商和合作伙伴一起增加供给，为巨大的市场提供新产品，取得最大的市场覆盖率；也要紧密和至关重要的顾客、关键的供应商和重要的渠道的联系，寻求确保本企业方法、技术是同级别的市场的标准，击败相似的观念。总之，该阶段合作挑战是与供应商和商业伙伴一起努力将新的提供物投放更大的市场，以便扩大供应量和达成最大的市场覆盖；竞争挑战是阻击作为替代者的相似创意的实施，并通过控制关键的细分市场，确保成为这个类别上的市场标准。

3. 领导阶段

领导阶段是指当商业共同体变得稳定，共同体内部争夺领导权和利润日趋激烈的时期。在一定时期，系统内业已形成协定的结构，变成各个参与者共同遵守的操作规则。各个成员参照组成商业生态系统的协议和关系采取相应的行为，保护自己的利益，而获取这些利益的方式在规则被颠覆之前能够为其他成员认可。在外表规则的背后，实际上涌动着激烈争夺系统领导权的各种力量。

领导阶段的关键任务是保持领导公司的权威。领导公司必须保持和增强它的能力，控制内外部竞争，确定未来发展的方向，使得商业生态系统持续充满活力。领导公司对共同体做出独一无二的贡献以保持它的权威，同时，对于那些可以创造替代生态系统的外来人员或公司也要保持足够的警惕，避免整个系统失控。宣扬为未来提供竞争的观念，鼓励供应商和顾客一起工作，继续改进产品的系列，保持自身企业、关键顾客和有价值的供应商都能获取各方满意的利益。总之，该阶段合作挑战是提供一个有吸引力的未来愿景，以鼓舞供应商和顾客一起工作，共同持续改善提供物；竞争挑战是维持对系统中其他参与者强有力的砍价能力，包含核心顾客和重要供应商。

4. 更新或死亡阶段

更新或死亡阶段是指为了共同体的兴旺发达必须进行持续更新的时期。当然，此时的商业生态系统若未赢得反衰退斗争的胜利，就进入死亡阶段。所有商业生态系统的生存都依赖于其环境中条件的确定范围，以及各自开拓条件的优势能力和惯性延伸系统的能力。志同道合的物种永远不要想当然地认为自己存在的商业生态系统会无条件的持续下去，只有不断为消费者提供更多的价值，从潜在的衰退中解脱出来，现有的商业生态系统才不会受到新商业生态系统的攻击或被替代。正如行业可能消失一样，任何一个特定的商业生态系统都可能灭亡，存在两类突出原因：一是不同商业生态系统之间的技术竞争；二是商业生态系统内部协作关系瓦解。①

自我更新阶段的关键任务是持续性能的改进。为了系统的长期生存，领导公司必须推动成员合力寻找方法为生态系统注入新的思想。一方面要保持对顾客的高投入，同革新者一起工作，为产品和服务带来新的观念；另一方面保持壁垒森严，防止革新者建立替代

---

① 杜玉申、陈丽壮：《利基企业商业生态系统战略研究》，载于《科技进步与对策》，2014年第18期。

的生态系统。如果商业生态系统的生存受到威胁而不得不改变的时候，必须克服系统内外两个方面的混乱和对革新的抵触。有必要在发现系统衰败征兆时，就采取改善的举措。总之，该阶段合作挑战是与创新者一起工作，将新的创意带入当前的系统；竞争挑战是保持高的进入壁垒，阻止创新者构建替代系统，以及保持高的顾客转换成本，为将新创意融入新产品和服务赢得充足时间。

二、商业生态系统的生成演化机制

利益相关者之间的直接和非直接的商业连接推动了商业生态系统生命周期的演变。佩尔顿尼米和沃里（2004）认为商业生态系统是一个复杂系统，具有三种演化机制：共同演化、自组织和涌现。① 共同演化发生在商业生态系统中两个相互连接的组织之间，并因此相互作用。任何个体组织的变化源于组织内部动机和逻辑，也可能是外在环境触发。任何组织都是一些其他组织环境的一部分。一个组织的决策将影响到另一些组织的决策。自组织意味着系统不存在一个中心的或外部的控制者，按照组织的需要和能力自主组织。因此，一个自组织型的商业生态系统是依赖于去中心化的决策。涌现表明商业生态系统中的微观的个体代理行动和宏观的长期的系统结果之间的连接是不可预测的。通过创业衍生公司可以形成新的物种，而处在利基市场的新物种会形成一个新商业生态系统。② 刘和荣（Liu and Rong，2015）认为共同演化过程是商业生态系统

① Peltoniemi M., Vuori E., *Business Ecosystem as the New Approach to Complex Adaptive Business Environments*, Proceedings of E - business Research Forum, 2004.

② Garnsey E., Lorenzoni G., Ferriani S., "Speciation through Entrepreneurial Spin-off: The Acorn - ARM story" *Research Policy*, No.2, 2008.

战略的核心，并发现共同演化过程包含了三个活动域：① （1）共同憧憬，是指构建联盟关系，建立一个形式化的相互作用方法，获取对方更多专长和能力的信息，使得生态系统企业分享知识和支持新的复杂产品研发；（2）共同设计，是指一旦联盟关系建立，促使生态系统企业行动匹配于商业和创新目标，共同努力去规划和设计基于商业生态系统的新产品和平台；（3）共同创造，是指生态系统企业携手努力，促进与平台外部伙伴合作，开发互补性应用，同时优化生产过程，扩大产量和市场规模，以及快速响应市场的能力。平台领导者与大量提供互补性产品服务的企业一起工作，那么就形成一个创新生态系统，能够大大地增加创新价值，更多的用户使用平台和互补品。当然，企业也常常未能将产品转移到平台上。加威尔和库苏马诺（Gawer and Cusumano，2008）认为成功的平台领导者采用四个杠杆或机制影响外部创新：② （1）企业范围，即选择什么活动由企业完成和哪些活动由其他企业完成；（2）技术设计和知识产权，即思考平台应该包含哪些功能和特征，平台是否应该模块化，平台接口在多大程度上以什么价格向外部创新者开放；（3）与互补者的关系，即平台领导者管理互补者并鼓励其为一个充满生机的生态系统做出贡献的过程；（4）内部组织，即怎样和何种程度上使用组织结构和内部过程，使外部互补者为整个生态系统忠诚工作提供保障。而对于想成为一个平台领导的追梦者，有两个战略选择：（1）创造一个以前未曾有的新平台；（2）通过创造市场动量，打赢平台之战。创立、塑造、引领、利用商业生

---

① Liu G., Rong K., "The Nature of the Co – Evolutionary Process Complex Product Development in the Mobile Computing Industry's Business Ecosystem", *Group & Organization Management*, No. 6, 2015.

② Gawer A., Cusumano M. A., "How Companies Become Platform Leaders", *MIT Sloan Management Review*, No. 2, 2008.

态系统需要创业洞察力，外加战略思维。扎赫拉和南毕山（Zahra and Nambisan，2012）基于4种类型商业生态系统分析战略思维与创业活动的相互作用。由于生态系统的概念聚焦企业之间的战略性相互作用，使得企业之间相依性更加明显。[①] 阿德纳和卡普尔（2010）研究了两个相关问题：一是技术相依性结构如何影响归属于技术领导者的利益；二是垂直整合效率怎样改变一个技术生命周期的进程，他们发现一个不对称结果：上游在产品部件上的技术创新越大将会增加归属于技术领导者利益；下游在互补品上的技术创新越大将会侵蚀属于技术领导者利益。[②] 克莱利斯等（Clarysse et al.，2014）发现知识机构所主宰的知识生态系统的密度高于商业生态系统，由此探析两个系统之间的差异与冲突，并给出对应的政策建议。[③]

三、商业生态系统健康

商业生态系统由多个参与者及其关系组成，其总价值取决于各个参与者合作、竞争和互补创造价值的能力，以获得任何一个参与者无法独自实现的价值。[④] 多维关系以及有形和无形资产交易确定了商业生态系统的范围和目的。适应商业生态系统的复杂逻辑的关

① Zahra S. A, Nambisan S.，"Entrepreneurship and Strategic Thinking in Business Ecosystems"，*Business Horizons*，No. 3，2012.

② Adner R.，Kapoor R.，"Value Creation in Innovation Ecosystems：How the Structure of Technological Interdependence Affects Firm Performance in New Technology Generations"，*Strategic Management Journal*，No. 3，2010.

③ Clarysse B.，Wright M.，et al.，"Creating Value in Ecosystems：Crossing the Chasm between Knowledge and Business Ecosystems"，*Research Policy*，No. 7，2014.

④ Lappi T.，Lee T. R.，Aaltonen K.，"Assessing the Health of a Business Ecosystem：The Contribution of the Anchoring Actor in the Formation Phase"，*International Journal of Management，Knowledge and Learning*，No. 1，2017.

键前提是：（1）行动者和整个系统的成功需要一个健康的生态系统；（2）不可预测、非线性和自然的行动后果是重要的驱动因素；（3）通过管理初始条件和不足的能力来实现影响；（4）系统处于经常的无向变化，其中共同演化是关系相依性的结果；（5）自组织引发转型；（6）文化正直，如分享价值和共同目的，定义了生态系统的范围以及其演化范围的变化。[①]

健康是生物学词汇，是指系统的状态或者一个特定物种的状态，因此，类似于自然生态系统，商业生态系统健康与其生命阶段和成长特征相关。[②] 一个商业生态系统可以划分成许多相互关联的组织群组，或称商业共同体，而其中的若干商业共同体与另外一些商业生态系统共享。对于一个有效运行的商业生态系统，其每一个商业共同体必须是健康的，这对保证产品和服务的传递品质非常重要。任意一个商业域存在弱点，必然会危害整个商业生态系统的绩效。扬西蒂和莱维恩（2004）提出判断商业生态系统健康状况的三个维度：（1）生产率，指持续将技术和创新的其他原料转化成低成本、新颖产品的能力，可用投资收益率来测评；（2）稳健性，指系统抵抗如不可预见的技术变革等各种干扰和破坏的能力，可用商业生态系统成员的生存率来测评；（3）生态位创造，指商业生态系统不断创造更多的细分市场的能力，可用新兴技术被用于开发新业务和新产品的程度来测评。一个健康的商业生态系统能够创造更多的价值。登阿提库等（Den Hartigh et al.，2006）从商业生态系

---

① Lappi T.，Lee T. R.，Aaltonen K.，"Assessing the Health of a Business Ecosystem：The Contribution of the Anchoring Actor in the Formation Phase"，*International Journal of Management*，*Knowledge and Learning*，No. 1，2017.

② Den Hartigh E.，Tol M.，Visscher W.，*The Health Measurement of a Business Ecosystem*，Proceedings of the European Network on Chaos and Complexity Research and Management Practice Meeting，2006.

统层和企业层两个方面，设计上述评价商业生态系统健康三个维度的具体指标，并将商业生态系统健康解构成两个主要部分：（1）伙伴的健康，反映财富保障，依据偿付能力、流动性、总资产增长、运营成本、总资产的比值、留存收益、息税前利润、公司收入等财务数据测度；（2）网络的健康，反映网络优势，依据伙伴数量、市场能见度和伙伴类型的变异情况三个变量测度。[①] 前者的测量方法是基于中观数据，而后者需要更具体详实的微观数据。李强和揭筱纹（2013）提出影响商业生态系统健康的五个属性，即生态、扩展、关联、功能和运作机制，以及健康的商业生态系统具有三大价值提升功能：（1）吸引商业生态系统之外的经济活动者的加入；（2）包容系统之内的参与者；（3）诱导关联的各个经济活动者做好战略定位。[②] 拉皮等（Lappi et al.，2017）提出评估商业生态系统健康的四个参数：（1）可持续性，用引导一个商业生态系统形成的角色，即锚定型参与者商业网络的规模来测量；（2）更新力，用调解型参与者的数量表示；（3）恢复力，用生态系统中的强关系数量测量；（4）创新性，用生态系统中的弱关系数量测量。[③] 李爱玉和倪飞（2017）从评价商业生态系统的核心企业对整个生态系统的活力 V、组织结构 O、恢复力 R 的影响着手，将商业生态系统健康指数定义为三者的乘积，即 $EHI = V \times O \times R$，其中，系统活力以盈利能力即净资产报酬率测算，组织结构以总资产增长率测

① Den Hartigh E.，Tol M.，Visscher W.，*The Health Measurement of a Business Ecosystem*，Proceedings of the European Network on Chaos and Complexity Research and Management Practice Meeting，2006.

② 李强、揭筱纹：《信息技术的商业生态系统健康，战略行为与企业价值实证研究》，载于《管理学报》，2013 年第 6 期。

③ Lappi T.，Lee T. R.，Aaltonen K.，"Assessing the Health of a Business Ecosystem：The Contribution of the Anchoring Actor in the Formation Phase"，*International Journal of Management*，*Knowledge and Learning*，No. 1，2017.

算，恢复力以研发投入比率测算。①

四、对策启示

1. 紧盯顾客需要变化，提高试验和学习能力

商业生态系统是在需求驱动的经济将要转化为信息经济的条件下将产生的新的商业范例，这要求企业家用适应的方式思考，而不是静听顾客的需求。商业生态系统的初始目标是通过增加对顾客有用的信息、产品的数量和品种，提升服务质量来创造新价值。商业生态系统的复杂关系是成员间相互试验的结果。正如顾客不仅仅是产品或服务的需求方，还可能为新产品提出不可预计的创造性思路。商业生态系统的研究者除了从社会搜寻令人惊奇的技术用途外，更重要的是自己要想方设法进行恰当的试验。但是，系统的研究者从封闭的、受限制的认知领域进入一个无限复杂的、复合相关的、关于真实顾客和真实商业的世界里，就必须努力深入地认识正在进行的试验，并理解新的机会，在商业价值竞赛中成为领跑者。建立系统学习循环，提升系统的学习能力，将发现的商机和试验中产生的思想转变为顾客的使用价值和投资者的利润。学习一般分为两类：吸收式和重构式。长盛不衰的公司也有一套重构式学习体制，设法通过改变其内在结构对指示消费者需求变化、技术变化等商界变化的信号做出反应。在物种繁衍过程中会加速进化的物种具有三个特征：（1）革新，这个物种无论是个体还是群体，能创造出新的技巧以使自己用新的方式利用环境；（2）社会传播，

---

① 李爱玉、倪飞：《我国中成药企业的商业生态系统健康评价》，载于《辽宁工业大学学报：社会科学版》，2017 年第 2 期。

个体的技巧可以通过一种确定下来的直接的沟通程序向整个群体传播；（3）运动性，这个物种的个体有能力四处活动，而不是在相互隔绝的领域中原地不动，更为重要的是，它们确实拥有这种能力。商业生态系统也应该为革新者留出空间，建立人员流动和知识传播的有效机制，不断提供试验和学习的能力。企业应该积极主动从外部引入高层次管理人才，以获得新鲜的思维方式冲击固有的运营模式，也应该以共享的途径从其他组织中获取新的知识和技能，主动变异和创新，以适应环境的变化达到持续的成长。

2. 促进系统成员的多样性，努力形成共同的价值观

生物地理学有两个发现很有启发性，一是成员多样性，即生态系统可以通过扩大生物量、加强遗传变异和分化走向成熟；二是区域效应，即遗传变异与生态系统区域大小有关。商业生态系统中也存在类似的规律性，一个商业生态系统中的成员越多样化，发展就越强劲，越有活力。当市场原料供应出现瓶颈环节时，可替代的供应可以通过生态协调得到解决。系统中人员的多样化、具有创新观念的人员的集聚都会促进系统的革新。商业生态系统的"区域效应"，通常表现为一个经济集团有一定的贸易区域和贸易量，当其贸易区域和贸易量有所发展，而且又能不断推出一些新型的、新功能的产品时，就会不断地吸引一些新顾客；同时还表现为系统的多样化和新观念的产生、新员工的引入、新组织的建立和新工艺的创造之间的正向关联。商业生态系统成员必须多样化，否则会为成长付出更多的代价。当然，领导公司要控制好扩展的速度，确保建立的是富有强健生命力的生态系统。凝聚力是一种力量，通过它商业生态系统的各个物种既各自独立存在，又紧密凝聚在一起，形成一个充满活力的共同体。商业生态系统共同的价值观就是凝聚力源泉，让每个成员都有了归属感、共同的身份感。一方面努力促成成员的多样性，另一方面努力让共同的价值观深入人心，这是商业生态系统走向成熟的一个标志。

3. 有序建立防御性市场边界、控制系统内部的权力斗争

商业生态系统的竞争可能更为激烈。商业共同体任何从试验到扩展的思想进步都会刺激对立的共同体，变为商业战争的信号。企业应找到适当方法，牢牢把握系统中的顾客，特别是关键顾客，加强双方的依赖关系。控制市场及市场渠道，吸引市场内的所有需求，制定恰当的驱逐竞争者出局策略。承诺保证满足顾客的所有需求，以免顾客的流失从而进入对手的生态系统。隐蔽地接近潜在参与者和寻找有共同价值的其他生态系统，尽量让他们融入进来，有机地整合成同一目标的战斗队伍。系统内部领导权和成员之间利益分配的竞争最突出的表现在商业生态系统发展的第三阶段。由于不断增长的系统结构稳定性对生态系统体系进行改革的阻力与新潮消费者和新的入侵者所引发的利润反方向急速变化，给系统领导者带来了难以解决的尖锐矛盾。系统的领导者要提供激发成员兴趣的洞察力，这种洞察力将同盟者吸引在自己周围，通过主动创新，为整个生态系统提供重大的创新产品，巩固自身的中心地位，阻止来自系统内的挑战。

4. 开发有效信息，培育更新条件

真正的领导都懂得，单一的方法是不全面的，任何一种方法不会获得全面的胜利。任何一种范式都存在成功的关键因素。真正的突破来自收集信息的投入、生成的知识和洞察力，从概念上把握任何可能的更新方式。通过开发有效信息，利用创造性机会，刺激成员间共同生存，共同演化，并且通过协同作用和想象力、观点的分享，形成有建设性的竞争，调整变化着的市场的各个部分和微观的

经济气候，从而为商业生态系统的更新培育适宜的条件。商业生态系统的领导者必须尊重不同的成员方、尊重投资者期望的回报，更应尊重顾客，尊重人才。领导者要基于整个商业生态系统甚至更宽广的机会领域，从顾客、市场、产品、过程、组织、风险承担者、政府与社会七个方面宣讲接受新范式的重要性，平稳地推动原有生态系统向新生态系统过渡。

第六节 中国网络零售商业生态系统

中国从 1993 年引入电子商务的概念，1999 年开始将概念转向实践，直至现在，艾瑞咨询集团（Iresrarch）将中国网络购物划分成五个阶段：酝酿期（1993~2000 年）、萌芽期（2001~2003 年）、发展早期（2004~2006 年）、高速成长期（2007~2012 年）和步入成熟期（2013 至今）。2012 年中国网络零售迈入万亿元时代。根据商务部《中国电子商务报告（2017）》的数据，2017 年全国电子商务交易额达 29.16 万亿元，同比增长 11.7%；网上零售额 7.18 万亿元，同比增长 32.2%；截至 2017 年底，全国网络购物用户规模达 5.33 亿，同比增长 14.3%；非银行支付机构发生网络支付金额达 143.26 万亿元，同比增长 44.32%；全国快递服务企业业务量累计完成 400.6 亿件，同比增长 28%；电子商务直接从业人员和间接带动就业人员达 4250 万人；电子商务交易额中对企业的交易占 60.2%，对个人的交易占 39.8%，均保持加速增长态势；实物商品网络零售对社会消费品零售总额增长的贡献率达 37.9%，对消费的拉动作用进一步增强；农村网络零售额同比增长 39.1%，农产品网络零售额同比增长 53.3%；海关验放的跨境电子商务商品出口增速达 41.3%，跨境电子商务出口日益成为我国商品出口的重要通道。

一、网络零售生态系统

1. 基本定义

2009 年，亿邦动力网（www.ebrun.com）发布的《中国网上零售调查报告》中这样定义网络零售："交易双方以互联网为媒介进行的商品交易活动，即通过互联网进行信息的组织和传递，实现有形商品和无形商品所有权的转移或服务的消费"。网络零售包括 B2C 和 C2C 两种形式，这里 B（Business）指商品或服务的提供者，包括开设虚拟网店的生产商、商品代理商和零售商；C（Cosumer）指网络消费者。电子商务概念范畴更大，还包括企业间的电子商务 B2B、团购和通过企业内部网方式处理与交换商务信息的内部电子商务等。陈德人等（2011）认为网络零售是"以互联网为渠道、针对终端消费者的电子商务活动"。麦肯锡（2013）将网络零售界定为面向消费者的电子商务交易，其中网络零售的卖方可能是大型企业（B2C 模式）或者微型企业与个体户（C2C 模式）。综上分析，我们认为网络零售就是指借助互联网向个人消费者零售商品或服务。

与网络零售生态系统（E - tailing Ecosystem）概念比较接近的概念有：因特网生态系统（Internet Ecosystem）、网商生态系统（E - businessman Ecosystem）和电子商务生态系统（E - business Ecosystem）。因特网生态系统是在线经济的商业模式，是以费用较低的网络交易来替代费用较高的市场交易，同时买卖双方是没有时空、地域限制的社会化的直接经济，与工业经济层次化的"命令—控制"模式不同，它更像一张关系网，具有包容性和自组织性。① 网商生态系统是指以电子商务为中心，各种类型的网商之间以及网商与外部环境之间相互作用而形成统一整体，其核心是价值共享和共同演化。② 电子商务生态系统是指电子商务活动中的一系列关系密切的企业和组织机构将互联网作为竞争和沟通平台，从而超越地理位置界限而形成优势互补、资源共享、完整的价值网络，其四类物种成员分别为领导种群、关键种群、支持种群和寄生种群，它们各司其职、相互作用。③ 因特网生态系统、网商生态系统、网络零售生态系统和电子商务生态系统有内在的联系性，它们都基于互联网媒介，但由于针对对象或范畴大小不同，也必然存在差异。网络零售生态系统，是电子商务生态系统的主体部分，而更大的部分是商业生态系统，商业生态系统是围绕核心产品和服务展开的，那么网络零售生态系统必然是围绕网络零售活动展开的。淘宝网生态系统＝F｛生物物种（成员）、非生物生态因子｝，其中生物物种包括：电子商务平台种群、卖家种群、买家种群、供应商种群、物流服务商种群、软件服务商种群、金融机构种群等；非生物生态因子包括政策/法律生态因子、经济生态因子、社会生态因子、技术生态因子等。④

　　类似于自然生态系统，我们认为，网络零售生态系统是围绕网络零售这一核心活动和过程而聚集起来的一系列关系密切的个人、企业和组织机构以及环境因子所形成的一个有机的生态系统。网络零售生态系统就是以生物种群（网络平台提供商、物流企业、金

　　① 姜锦虑、王刊良：《电子商务概论》，西安交通大学出版社 2008 年版。

　　② 张茂敏、陈禹：《网商生态系统概念与结构分析》，载于《第二届网商及电子商务生态学术研讨会论文集》，浙江大学出版社 2009 年版。

　　③ 胡岗岚、卢向华、黄丽华：《电子商务生态系统及其演化路径》，载于《经济管理》，2009 年第 11 期。

　　④ 盛振中：《淘宝网生态系统中种群成长研究》，载于《第二届网商及电子商务生态学术研讨会论文集》，浙江大学出版社 2009 年版。

融机构、电信运营商、网络终端提供商、网络购物者、网络零售商、供应商、物流服务商、软件服务商、支付机构、投资者等）和非生物生态因子（政策、经济、社会文化、技术等）的相互作用为基础的动态系统。

2. 四大种群

网络零售生态系统中的每个成员彼此紧密相连，相互依赖并与环境相互作用形成一个有机的整体，共同推动网络零售生态系统的演化。网络零售生态系统分成四个群体（如表2－4所示）：（1）领导种群，即网络零售生态系统的领导者，通过提供平台整合和协调资源，创建和壮大生态系统，引导生态系统价值创造、价值获取、价值分析和共同演化；（2）关键种群，即网络零售交易链条主体，包括买卖双方、平台提供者以及供应商等，通过自我繁殖和自我进化，吸引更多物种加入生态系统，并促进生态系统新物种的产生；（3）支持种群，即网络零售顺利实现必须依附的供应链之外的组织，如物流商、电信运营商、金融机构以及相关政府机构等，从网络零售过程中获益并加速生态系统的进化繁殖和范围领域的扩张；（4）寄生种群，即为网络零售提供增值服务的组织，如网络营销服务商、技术外包商、咨询服务商等，改善网络零售的交易环境。

表 2－4　　　　　　　网络零售生态系统的四类种群

物种名称	定义	举例
领导种群	网络零售生态系统的领导者	天猫商城、京东、苏宁易购、淘宝等
关键种群	网络零售交易链条主体	买卖双方、平台提供者以及供应商等
支持种群	网络零售顺利实现必须依附的供应链之外的组织	物流商、电信运营商、金融机构、软件和硬件提供商以及相关政府机构等
寄生种群	为网络零售提供增值服务的组织	网络营销服务商、技术外包商、咨询服务商等

通过对网络零售生态系统和种群的分析可以发现，虽然网络零售生态系统源于自然生态系统的隐喻，但是网络生态系统与自然生态系统的区别十分显著：（1）网络零售生态系统自始至终都是人的决策发挥着支配作用，并伴随着商品或价值创造、传递和获取的全过程，套利是主要动机。（2）网络零售生态系统供应链条上是商品和服务在传递，而非像自然生态系统食物链那样以一个阶段到另一个阶段不同个体自然生命的终结作为代价。（3）自然生态系统食物链上的前一物种是排斥后一物种的，如羚羊见到狮子就会拼命逃脱；零售生态系统中的供应链中的前一物种是诱引后一物种的，如卖家想方设法通过各种促销手段吸引消费者购买。除了四大核心种群，商业生态系统还包括环境因素，如核心政策法规、外部经济环境等要素，它们之间通过信息流、资金流与物流进行动态持续交换，进而实现整个商业生态系统的平衡和稳定。①

二、中国网络零售生态系统的扩容

网络零售生态系统是围绕网络零售这一核心活动和过程而聚集起来的一系列关系密切的个人、企业和组织机构以及环境因子所形成的一个有机的生态系统，包括生物种群和非生物生态因子。网络零售的本质还是零售，网络零售生态系统存在的意义就是凝聚一群人、若干企业在线做好零售事业，为消费者提供更好的、更有效率的和更便捷的商品和服务，在这一过程协调创造价值、传递价值并实现各自价值诉求。中国网络零售生态系统的扩容主要表现在四个方面：（1）网络零售业市场交易规模不断增大，成为仅次于美国

---

① 郑宇娟、徐立国等：《互联网企业的"命门"》，载于《清华管理评论》，2018 年第 1 期。

的世界第二大网络零售市场；（2）网络零售生态系统关键种群的能力不断增强，大型零售网站战略定位能力、网站运营能力和供应链管理能力变强并能促进生态系统中物种繁殖和衍生；（3）网络零售生态系统物种不断丰富，新物种不断出现；（4）网络零售生态系统中非生物因子经济、技术、政策、法律、社会元素等类似自然生态系统中的水、空气和阳光，经过十多年发展，都朝着网络零售利好的方向大幅进步。中国网络零售生态系统的扩容，是物种内和物种间相互作用以及物种与环境因子间相互作用的结果。

1. 网络零售业市场交易规模不断增大

中国网络零售市场交易规模存在明显的里程碑现象：2002 年突破 10 亿元，达到 13 亿元；2005 年突破 100 亿元，达到 157 亿元；2008 年突破 1000 亿元，达到 1300 亿元；2010 年突破 5000 亿元，达到 5141 亿元；2012 年突破 10000 亿元，达到 13025 亿元；2016 年突破 50000 亿元，达到 53288 亿元；2017 年相比 2016 年增速达到 34.6%（如图 2 - 5 所示）。2011 年，中国成为仅次于美国的世界第二大网络零售市场，2016 年，中国超越美国成为世界第一大网络零售市场，其市场交易规模大大领先于美国。在中国这个众多行业领域竞相飞速扩张的国度，网络零售的增长表现特别引人瞩目。

图 2 - 6 说明中国网络零售业正在改变零售业格局，网络零售市场规模占消费品零售总额的比例由 2008 年 1.3% 上升到 2017 年的 19.6%，而美国占整体零售总额约 8.9%。基于 2008 ~ 2017 年数据，若做线性预测，2022 年网络零售市场规模占消费品零售总额的比例超过 25%；若做指数预测，2022 年这一比例将超过 90%。

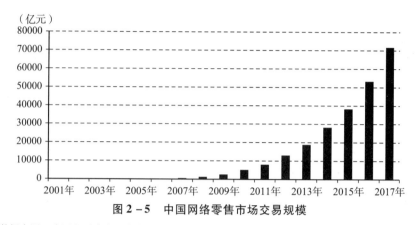

图 2-5　中国网络零售市场交易规模

数据来源：中国电子商务研究中心 www.100EC.cn，艾瑞咨询集团 www.iresearch.com.cn。

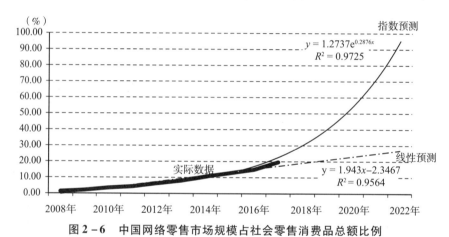

图 2-6　中国网络零售市场规模占社会零售消费品总额比例

数据来源：中国电子商务研究中心 www.100EC.cn。

2. 网络零售生态系统关键种群的能力不断增强

自然生态系统中的关键种群是这样一类物种，即在群落中生物数量相对较低却起着结构性作用，如果把它们从现有生态系统中移除，生态系统中的其他一些物种有可能会随之灭绝，某些生态功能或生态过程也会受到十分明显的影响。① 关键种群可被区分为四种

①　葛保明：《生态学中关键种研究综述》，载于《生态学杂志》，2004 年第 3 期。

类型：（1）控制群落中潜在优势种群数量、调和种群间竞争从而促使各物种协调进化的一类物种；（2）在群落营养资源缺乏时能提供替代的营养物质从而继续得以维持生存的一类物种；（3）当两个物种相互依存时，任何一个物种被去除后，会导致另一个物种死亡的具有共生关系物种；（4）能够减少其他种群数目来改变群落结构、生态系统生境的物种。① 所以，这里的"关键种群"概念不同于上述中"供应链种群"概念，供应链种群是关键种群的重要诞生地，但关键种群并非全部源于供应链种群。

因此，网络零售系统的关键种群大致分成五类：（1）大型电商网站。以佣金服务费为主要收入的 C2C 平台代表淘宝，B2C 网站代表天猫和以商品的进销差价为主收入的自主式 B2C 网站代表京东商城、苏宁易购、当当网等，订单处理能力、流量转化能力和供应链能力都在不断增强，引领网络零售业快速发展。订单处理量是网站营销效果和后台处理能力的直接反映。2012 年 11 月 11 日当天天猫和淘宝销售额是 191 亿元，1.058 亿笔订单，苏宁易购也成交 150 万笔订单。大型电商网站通过有效的营销推广、用户界面/用户体验优化设计和多种促销手段，将用户流量转化成用户下单量的能力也在不断提升，供应链管理能力和平台系统运营能力不断提升。（2）网络零售商。中国电子商务研究中心数据显示，2012 年电子商务企业数达到 20750 家，是 2008 年 5460 家的 4.56 倍。从 2008～2012 年，电子商务企业数不是只增不减的过程，而是部分企业死亡又有更多企业诞生这样的总量增长过程。依据电子商务研究中心《2017～2018 年度中国电商上市公司数据报告》：截至 2018 年 7 月 9 日，我国电子商务（含 B2B、B2C、跨境电商、

---

① 杜洪业、徐程扬：《森林生态系统中关键种与群落动态的关系研究进展》，载于《世界林业研究》，2012 年第 10 期。

O2O、电商物流）已上市的企业共 48 家。其中，B2B 电商 8 家、B2C 电商 13 家、跨境电商 9 家、生活服务电商 11 家、电商物流 7 家。截止到 2018 年 7 月 7 日，B2C 电商上市公司中市值排名前十三的分别是：阿里巴巴（4933 亿美元）、京东（563.2 亿美元）、小米（3759 亿港元，截至 7 月 9 日）、苏宁易购（1184 亿元）、唯品会（71.54 亿美元）、南极电商（204 亿元）、宝尊电商（31.39 亿美元）、国美零售（176.77 亿港元）、优信（21.46 亿美元）、有赞（114.73 亿港元）、御家汇（81.36 亿元）、寺库（4.54 亿美元）、聚美优品（3.47 亿美元）。[①]

（3）金融机构与支付机构。金融机构和非金融机构的第三方支付平台业务创新，为网络零售资金支付提供了方便、快捷和安全的方式。2011 年第三方支付牌照发放。从初始阶段的线下付款，网络零售已经转向在线支付。第三方支付缘起网络购物，壮大于快捷支付，不断发力全场景支付和增值服务创新。[②] 比达咨询数据显示，2016 年中国第三方互联网支付交易规模达到 19.3 万亿元，增长率为 62.2%；第三方移动支付交易规模为 38.6 万亿元，增长率为 216.4%。艾媒咨询数据显示，2017 年中国移动支付用户规模达 5.62 亿人，较 2016 年增长 21.6%，而 2014 年为 2.15 亿人。

（4）物流公司。得物流者得天下，物流对于网络零售业发展极其重要，良好的物流体系降低了配送环节成本、增强价格竞争优势和提升消费者品牌认知度、忠诚度和美誉度。2018 上半年全国规模以上快递收入是 2745.0 亿元，是 2008 全年 408.4 亿元的 6.72 倍；2017 年的 4957.1 亿元是 2008 年的 12.18 倍。2017 年的

---

① 电子商务研究中心，http：//www.100ec.cn/zt/sspjbg/。
② 董俊峰：《竞合谋变：银行与第三方支付的前世今生》，载于《第一财经日报》，2013 年 3 月 1 日。

400.6亿件是2008年的26.53倍（如表2-5所示）。数据显示，快递行业已经连续5年实现超过27%的增长，其中50%以上营业收入来自电子商务。

表2-5　　　　2008～2017年全国规模以上快递业务收入和业务量

年份	2008	2009	2010	2011	2012	2013	2014	2015	2016	2017
业务收入（亿元）	408.4	479	574.6	758	1055.3	1441.7	2045.4	2769.6	3974.4	4957.1
业务量（亿件）	15.1	18.6	23.4	36.7	56.9	91.9	139.6	206.7	312.9	400.6

数据来源：中国国家邮政局。

（5）网络购物者。网络零售的成长产生巨幅的消费者剩余，最明显的是拉低了整体零售价格。同时也为较小城市及偏远地区提供了多种多样、过去无法购买的产品。即使是一线城市的居民，也能享受到更大的便捷性及更齐全的小众商品。2017年中国网络购物用户规模是5.33亿人，是2008年0.79亿人的6.75倍（如图2-7所示）。

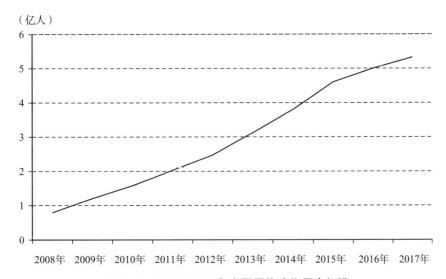

图2-7　2008～2017年中国网络购物用户规模

数据来源：中国电子商务研究中心 www.100EC.cn。

3. 网络零售生态系统物种不断丰富

网络零售生态系统具有开放性，同时，存在自我繁殖和衍生机制，新物种不断出现，种类不断增多。（1）传统零售企业上线。苏宁易购和银泰网是传统零售巨头做电子商务的两个标杆。2013年1月，意图将线上业务作为实体店业务补充和延伸的王府井百货商城上线，也显示传统零售业触网的无奈和大势之趋。（2）移动电商（M－Commerce）。不是传统电商的移动改良，智能手机和平板电脑颠覆了传统PC，网络零售商基于移动服务努力转型。（3）不断细分的电子商务服务商。商务部《2017年中国电子商务发展总报告》显示，2017年电子商务服务业营业收入规模达到2.92万亿元，比2016年增加0.47万亿元，其中，电子商务交易平台服务、电子商务支撑服务和电子商务衍生服务各占17.1%、38.3%、44.5%。（4）垂直电商跨界转型。以图书为主的网络商城当当网、以家电起家的苏宁易购和以3C起步的京东商城跨界成长为多品类的综合平台，而且2012年当当网瞄准服饰母婴产品计划打造自主品牌。（5）社交电商（social commerce）。社会化媒体平台迈入电商方向盈利模式，如美丽说和蘑菇街专注于商品信息，用户分享个人购物体验并在社交圈推荐商品以及辣椒行业交流平台——中国辣椒网直接介入了商品销售过程等。（6）提供多样化、便捷化和个性化在线产品的多种类型网络零售商。商品品类增加和优化，除了标准化品类，还有非标品，除了大众商品，还有小众商品。

4. 非生物因子质和量都大为改善

网络零售生态系统中非生物因子经济、技术、政策、法律、社会元素等类似自然生态系统中的水、空气和阳光，经过十多年的培育发展，都朝着网络零售利好的方向大幅进步。（1）经济。人均可支配收入的增加。20 世纪 90 年代初期人均国内生产总值为 350 美元左右，2017 年则达到 9481 美元，消费模式发生了很大变化，消费支出在所有类别商品上都表现为显著增长。（2）技术。来自工业和信息化部的数据，2012 年中国宽带用户规模是 3.78 亿户，是 2008 年 8342.5 万户的 4.53 倍，至 2018 年 2 月中国移动互联网用户规模是 12.8 亿，是 2008 年 1.2 亿的 10.67 倍。3G 和宽带服务也日趋普及，网络购物环境大幅改善。同样，3G 智能手机、平板电脑盒 PC 终端不管是硬件还是软件也在不断更新换代，网站运营技术不断提升，大大增强了网络购物独特的贴心体验。（3）政策与法律。2010 年商务部发布了《关于促进网络购物健康发展的指导意见》，2011 年商务部、工业和信息化部、公安部等发布《关于进一步推进网络购物领域打击侵犯知识产权和制售假冒伪劣商品行动的通知》，2012 年 2 月商务部发布《关于"十二五"时期促进零售业发展的指导意见》，促进网络购物、鼓励大型零售企业开办网上商城、推动建设行业电子商务平台以及促进线上交易与线下交易融合互动。这些文件的出台都极大支持和规范了网络零售健康有序发展。（4）社会。信息技术的发展使得网络购物信息流更加通畅，而网上银行、第三方支付机构、物流仓储体系的改善使得网络资金流和物流更加便捷。风险投资和私募的加入也增强了网商，特别是大的平台商在"烧钱"的环节的自信和胆略。不同媒体对网络购物的新闻报道、广告以及消费者网络购物经验交流与口碑，将网络购物从十年前的新生事物变成一种时下流行的消费文化和生活方式。

三、扩容应对

网络零售的本质还是零售，网络零售生态系统存在的意义就是凝聚一群人、一些企业在线做好零售事业，为消费者提供更好的、更有效率的和更便捷的商品和服务，在这一过程中获取各自的价值。然而中国网络零售生态系统的扩容，如销售量的剧增、网络零售巨头的产生和网络零售新物种的繁衍，也丝毫掩盖不了网络零售中的一些焦点问题：（1）国内上规模的网络零售商普遍亏损，如迅猛发展的京东商城、凡客、当当、苏宁易购等概莫能免，赚钱的大佬只有阿里巴巴。（2）当下不赚钱的大佬级网络零售商们仍四处"卖力吆喝"，有五个方面的理由值得考虑：一是依靠的是投资；二是当前重点是规模和速度，盈利是将来的目标，"熬过冬天的就会见到春天"；三是造势造壁垒，吓唬潜在进入者；四是营造氛围上市；五是股东不靠网络零售平台赚钱，而是将网络零售平台作为一个工具，如作为广告的媒介或是自营产品销售渠道，网络零售平台花费通过节省广告宣传费用和增加自营产品收入来平衡。（3）网购盛宴后暴露出的风险与缺陷，如钓鱼网站、网购诈骗、假货、职业差评师、淘宝小二涉嫌受贿、京东商城用户信息泄露、快递问题等不断让网购者和网商感到网络零售并非会顺风顺水。这些情况在发展进程中是否可以避免，只能在后续的发展中去验证和预判。

从政府—消费者—商家三个方面来分析各自的努力方向，政府机构通过税收、补贴和土地使用上的规制进一步改善网络零售业宽带和3G、现代物流业和现代仓储业等基础设施；综合考虑民生和惠商，优化城市未来规划以适应网络零售发展的需要；通过新型城镇化和农村地区基础设施改善，拉动偏远地区的网络零售需求；进一步培养网络零售需要的人才，促进行业生存率的提高；进一步完善支付体系，促进支付更加安全与便捷；进一步营造网络零售良好的创业环境，为创业者和小微企业提供机会和生存发展空间，同时吸纳大量劳动者就业。网络零售活动主要是指网络购物者和网络零售商之间的信息流、物流、资金流和人流相互作用过程。网络消费者需要关心和解决好四个方面的问题：支付资金安全性与便捷性、货真价实的商品、信息真实性和安全性、增强逛网络卖场的体验价值。网络零售生态系统中网络消费者获取商品和服务，而利益相关的商家则需要为价值创造、价值传递、价值分享和价值获取多付出一份努力，也为自己赢得更广阔的发展空间。

1. 政府机构

网络零售业相比实体零售业有零售价格上的优势，可以为消费者提供更多的产品品类、小众商品和非标品，同时方便快捷和人性化的评议比价系统很好地解决了买卖双方信息不对称的问题，从而以增长的趋势拉动消费和刺激新消费点，助推中国经济增长，从而助推中国政府机构在多个方面应表现得更有所作为（如图 2-8 所示）。（1）通过税收、补贴和土地使用上的规制促进网络零售业基础设施进一步改善。宽带和 3G、现代物流业和现代仓储业发展会更加改善网络购物体验和网商的成本和运营效率。政府努力为网络零售业发展培育良好的环境，同时也加强对行业的监管和规范。有些规制将直接作用于网商，如当下网商关心的对淘宝集市卖家收税政策的辩论。（2）综合考虑民生和惠商，优化城市未来规划以适应网络零售发展的需要。老百姓居家建筑需要快递业便捷进入，网络零售的发展一方面促进实体零售门店的减少，另一方面又需要仓储空间的增加。（3）通过新型城镇化和农村地区基础设施改善，拉动偏远地区的网络零售需求，进一步提升整个宏观经济发展水平。（4）进一步培养网络零售需要的人才，促进行业生存率的提高。发力技术创新研发和大数据处理能力，在新经济时代下，推动中国生产力和消费力。（5）进一步完善支付体系，促进支付更加安全与便捷。政府应规范电子支付和扩大金融 IC 市场应用，建立完善的网络零售信用服务体系。（6）网络零售业不仅替代了部分传统零售业，而且也是拉动消费的一个新增长点，从而也是刺激经济发展、带动就业的途径。网络零售业快速发展以及牵动的相关产业快速发展，为创业者和小微企业提供了机会和生存发展的空间，也吸纳了大量的劳动者。

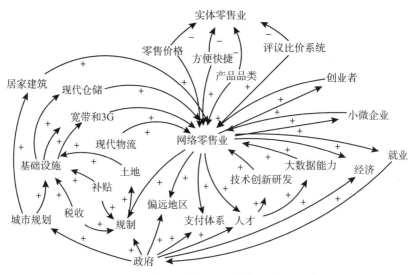

图2-8 政府、零售业因果与相互关系回路

2. 网络购物者

网络零售活动主要是指网络购物者与网络零售商之间的信息流、物流、资金流和人流相互作用的过程。随着网络零售生态系统扩容，网络消费者将更加关心四个方面的问题（如图2-9所示）：（1）支付资金的安全性与便捷性。支付方式包括网上银行、第三方支付平台和货到付款等，但不管哪种方式都必须确保资金流动的安全性，防止网络瘫痪或是网站黑客等造成网上交易信息遗失从而导致交易风险产生，同样快捷便利性也是消费者关心的重要元素。（2）货真价实的商品。网络购物者获得的商品应保障质量，价格

合理和准确计量。图片和实物存在差异，退换货困难、配送延迟和网络欺诈等问题层出不穷，需要消费者小心防范。（3）信息真实性和安全性。网络购物者和实体店消费者一样重视消费知情权，卖家不应将信息弄得真假难辨、以次充好和夸大显现，同时，卖家还需保护自己在网上注册的个人信息。而且随着零售网站共同体化程度加强，消费者贡献的信息量会增多。（4）增强逛网络卖场的体验价值。

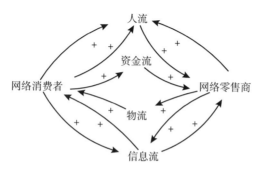

图 2 - 9　网络消费者、网络零售商相互关系回路

3. 利益相关的商家

网络零售生态系统中网络消费者获取商品和服务，而众多商家则在创造价值、获取价值和分享价值（如图 2 - 10 所示）。（1）平台商。一是领导生态系统的共同演化。马云明确认为阿里巴巴不是王国，而是生态系统，需要的是网格化自组织；刘强东表示在电子商务时代京东商城要构建一个诚信、共赢、繁荣的 B2C 网络零售生态系统；张近东正将苏宁构建成一个比电子商务生态系统更加庞大的零售生态系统。二是从制度和文化上构建网络零售诚信体系，确保网商和消费者的合法利益，塑造细心、放心和贴心的网络零售环境。三是持续改善网络零售品质的重要影响元素——物流的效率。四是储备好人、培养好人和用好人，做好网站运营管理和供应

链管理。（2）网络零售商。2012 年淘宝"双 11"购物节，骆驼服饰、全友家居、数码大鳄迪信通都依靠网络零售生态系统实现销量亿元的突破，它们无一例外都专注零售规律，独特价值定位，找到合适的目标客户群并更好、更有效地满足了客户的需求。不管是 B2C 网站平台、网络零售商，还是品牌商，只要是真正决心做零售的，无非都是围绕信息流、人流、物流和资金流的畅通做好工作，加强网站运营管理，通过用户界面设计、流程设计、购物体验、客户服务、价格优势、商品品类、品牌塑造和网络共同体增加客户的黏性；加强供应链管理，确保商品供应、物流仓储和派送、支付安全便捷高效和成本低廉。定位"名品时尚折扣"走"闪购"模式的唯品会，2012 年第 4 季度扭亏为盈实现 630 万美元的净利润，靠品牌和物流仓储建立竞争优势是特色电商盈利的希望。（3）电商服务商。可以提升网购品质的平台、卖家、买家任何未满足的需要，都是电商服务商可以考虑的细分市场，如咨询培训、网页设计、网站建设、模特拍照修图、网站运营、搜索竞价优化、营销服务、IT 软件服务、网络广告、支付服务、快递配送服务、仓储服务、综合性服务等，而且新的细分市场不断会被发现，特别是在不可逆转的网购大潮下大批缺乏网店运营经验的国内外知名传统品牌商触网会形成一个体量庞大的新兴专业市场，将会给电商服务商带来更多的机会。比价网站一淘网为网络购物者服务并因比价购物搜索成为上网入口；缺乏移动互联网知识人才储备及操作经验的凡客和移动电子商务服务商耶克的合作，推动凡客移动客户端一天拥有几万的订单；Kappa 和为电商提供整体解决方案的古星的合作促进 Kappa 线上保持良好的增长。（4）投资商。成立于 2011 年的维棉网，2012 年 8 月资金链断裂后关闭。投资人徐小平和该企业创始人林伟面聊 20 分钟后决定投资 1000 万元人民币，可以反映当时投资者对电商的热度。投资讲风险也讲回报，经过 2012 年电商投资冷遇，不管是投资者还是融资者都应该理性务实地看待风险和商机。

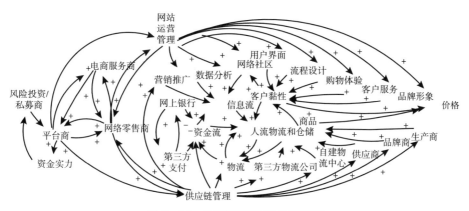

图 2-10 不同商家相互关系回路

第三章

商业模式

不管是欧美发达国家，还是中国与印度等新兴市场，技术创新在政界和业界都受到热捧。但是，若缺乏匹配的商业模式，创新者很难从技术创新中获取创新的价值。尽管新技术常常是企业转型的主要因素，但是仅仅依靠技术自身使得一个行业转型从未发生过。[①] 与技术创新相比，商业模式如果不是更加重要，至少是同等重要。戴尔公司没有对个人电脑技术做出任何改进，但是重新组合了供应商和戴尔自身的分销系统，终端用户便获得了令人叹服的价值。商业模式理论能够基于整体性视角解释"高速成长"的企业现象，而单一依靠营销创新、价值创新等局部性理论难以做出清晰解释。苹果公司不是第一个将数字音乐播放器带入市场的，但它将硬件、软件和服务组合起来，使得下载数字音乐更容易和便捷，因此，其成功的首要原因在于开创性地构建了一个新商业模式。

[①] Kavadias S., Ladas K., Loch C., "The Transformative Business Model", *Harvard Business Review*, No. 10, 2016.

第一节　商业模式的定义与结构

不管是实践还是科学研究，对商业模式概念都应有高度的重视，来自信息管理、战略和组织理论等研究领域的学者和实践者参与了有关商业模式概念的论述，但这导致了对术语和概念的不同理解。[1]"商业模式"一词并不总是一致性适用，相反，也经常被类似的术语所替代。回顾商业模式文献，发现商业模式在不同的文献中被视为架构、设计、形式、计划、方法、假设和陈述等。商业模式经常被使用，但几乎没清晰的定义，大概是讨论最多而理解最少的概念。[2] 多元化定义使得商业模式本质和构成元素的界定变成实质性挑战，也导致用词的混乱，[3] 如商业模式、战略、商业概念、盈利模式和经济模式经常互换使用。商业模式组成也缺乏一致意见，确定基本概念、建模原则、实践功能以及商业模式与信息系统和其他商业概念的联系等工作绝没有完成。[4] 商业模式在实践领域获得广泛的应用，但是由于不一致的定义和构造边界，使得商业模式主体学术文献碎片化，令人困惑，文献中几乎没有基于严谨归纳

---

① Wirtz B. W., Pistoia A., et al., "Business Models: Origin, Development and Future Research Perspectives", *Long Range Planning*, No. 1, 2016.

② Chesbrough H., Rosenbloom R. S., "The Role of the Business Model in Capturing Value from Innovation: Evidence from Xerox Corporation's Technology Spin-off Companies", *Industrial and Corporate Change*, No. 3, 2002.

③ Morris M., Schindehutte M., Allen J., "The Entrepreneur's Business Model: Toward a Unified Perspective", *Journal of Business Research*, No. 6, 2005.

④ Al-Debei M. M., Avison D., "Developing a Unified Framework of the Business Model Concept", *European Journal of Information Systems*, No. 3, 2010.

和演绎逻辑的商业模式定义。[1]

　　每一个人都知道若想组织兴旺，管理者就必须知道商业模式怎样发挥作用，然而商业模式难以在可操作性定义方面形成共识的局面仍将延续。[2] 事实上，商业模式的概念已经被用来解决不同背景下和不同管理领域内不同的研究问题。学者们使用相同的商业模式术语来解释不同的现象和解决不同的问题，如电子商务类型、企业价值创造或价值获取，以及技术创新是如何开展的，很大程度上是在这些"筒仓"中采用隔离的方式进行的。[3] 虽然解决具体问题可以在"筒仓"中进行，但理论研究和理论文献的梳理需要开放"筒仓"，将不同的现象、不同的问题和相应不同的解决办法与行动汇聚和穿插起来，发现彼此联系和区别，归纳共性和辨识个性。若对于商业模式的理解还依然薄弱，那么就很难明确解释商业模式如何运作，它的重要维度和特征是什么，以及如何创建一个好的商业模式。因此，本书从不同的理论学派、视角对商业模式定义与结构做出一个基本澄清是非常有必要的。

一、活动学派

　　活动学派是将商业模式视为活动的集合，其代表性人物是阿米特和佐特。商业模式被定义为跨越焦点厂商边界的一个相互依赖的活动系统，以便利用商业机会创造价值。[4] 焦点企业商业模式的目

---

①　George G. , Bock A. J. , "The Business Model in Practice and its Implications for Entrepreneurship Research", *Entrepreneurship Theory and Practice*, No. 1, 2011.

②　Casadesus – Masanell R. , Ricart J. E. , "How to Design a Winning Business Model", *Harvard Business Review*, No. 1, 2011.

③　Zott C. , Amit R. , Massa L. , "The Business Model: Recent Developments and Future Research", *Journal of Management*, No. 4, 2011.

④　Zott C. , Amit R. , "Business Model Design: An Activity System Perspective", *Long Range Planning*, No. 2 – 3, 2010.

标是通过涉入商业模式的各个参与者创造价值去开发利用商业机会，也就是说，满足顾客需要和创造顾客剩余，同时为焦点企业和伙伴创造利润。[①] 商业模式中的任何一个活动，可被视为商业模式的任何参与方的人力、实物或资本资源的介入，这种介入服从一个特定的目的，趋向于整个商业模式目标的完成。因而，商业模式这个活动系统是以焦点企业为中心的、相互依赖的组织活动集合，包括焦点企业、合作伙伴、风险投资者和顾客进行的活动。活动系统的设计者需要考虑两个活动参数集合（如表 3-1 所示）：（1）设计元素，即描述活动系统的架构，包括活动内容、活动结构和活动治理；（2）设计主题，描述活动系统价值创造的源泉，包括新奇（Novelty）、锁定（Lock-in）、互补（Complementarities）和效能（Efficiency）。因此，商业模式可被视为企业怎样经商、怎样向利益相关者（如焦点公司、顾客和合作伙伴等）传递价值以及怎样将要素市场和产品市场链接的一个模板（Template）。商业模式的活动观体现了商业模式所有重要的议题，并且为管理者和学者提供了表达他们思想、参与更有洞见的对话以及创造设计的语言和概念化的工具。

表 3-1 　　　　　活动系统视角下的商业模式设计框架[②]

设计元素	描述活动系统的体系结构
内容	完成什么活动
结构	活动怎样链接和序列化
治理	由谁，在哪里完成活动

[①] Amit R., Zott C., "Value Creation in E-business", *Strategic Management Journal*, No. 6-7, 2001.

[②] Zott C., Amit R., "Business Model Design: An Activity System Perspective", *Long Range Planning*, No. 2-3, 2010.

续表

设计主题	描述活动系统价值创造的源泉
新奇	采用创新的内容、结构或治理
锁定	构建留住利益相关者（如顾客）的元素
互补	捆绑活动，以创造更多价值
效率	重组活动，以减少交易成本

阿米特和佐特（2012）将商业模式视为一个相互连接和相互依赖的活动系统，来决定焦点企业与顾客、合作伙伴和风险投资者做商业的方式。这个定义把握住了商业模式的本质，原因在于：（1）聚焦点是怎样做商业，而不是"带给市场什么产品？""什么时候和在哪里进入市场？"或"什么使得公司和产品在市场上有差别？"；（2）它是一个关于怎样做商业的整体观，而不是聚焦于产品市场战略、营销和运营等特殊功能；（3）强调为所有商业模式的参与者创造价值，而不是独占性地聚焦价值获取；（4）认为合作伙伴能够在商业模式内帮助焦点公司处理基本商业活动。[①] 换句话说，一个商业模式就是一组特定的活动，一个活动系统，旨在满足感知的市场需要，并且规定活动由谁来完成，以及活动彼此怎样相互连接。商业模式创新是作为总经理和企业家创造和获取价值的方式。在进行商业模式创新之前，管理者要问的六个问题：（1）新商业模式表达顾客什么需要；（2）什么样的新奇活动有助于满足这样的需要（活动内容）；（3）怎样用一个新奇的方法来连接活动（活动结构）；（4）由谁来完成这些活动，发现怎样新奇的治理安排（活动治理）；（5）怎样为每个利益相关者创造价值；（6）采用什么样的盈利模式。

---

① Amit R., Zott C., "Creating Value through Business Model Innovation", *MIT Sloan Management Review*, No. 3, 2012.

交易和活动可被视为一枚硬币的两面，[1] 作为活动系统的商业模式也可以概念化为交易的集合。因此，活动系统设计描述企业怎样做商业，并且把握住了商业模式的本质。国内商业模式研究领域的重要学者魏炜和朱武祥将商业模式定义为焦点企业与其利益相关者的交易结构，包括六个要素：定位、关键资源能力、盈利模式、业务系统、现金流结构和企业价值。

二、中介学派

中介学派将商业模式作为技术和经济产出之间的中介结构，其代表性人物是切萨布鲁夫（Chesbrough）。技术本身没有任何客观价值。在通过商业模式进行某种程度的商业化之前，一项技术只具有潜在的经济价值。相同的技术通过不同方法进行商业化，会产生不同的结果。有时，一项技术创新可适用于企业现有的商业模式；有时，企业也可以通过许可的方式利用新技术。然而，有时却没有明显适用于新技术的商业模式。此时，管理者要扩大视野，寻找合适的商业模式以从该技术中获得价值（事实上，将一项平庸的技术运用于一个伟大的商业模式，其所带来的价值甚至可能超越运用于平庸商业模式的伟大技术所带来的价值）。除非找到合适的商业模式，否则该技术给企业带来的价值将少于其运用于合适商业模式所带来的价值。而且，若本企业以外的任何人找到了更适于该技术的商业模式，他将比开发该项技术的企业获得更多的价值。该学派认为商业模式是一个居中调节价值创造过程的构造

---

① 　Williamson O. E., *Organizational Innovation*：*The Transaction Cost Approach*，University of Pennsylvania，Center for the Study of Organizational Innovation，1980.

（如图 3 - 1 所示）。① 商业模式在技术和社会领域间起转化作用，选择和过滤技术，并将技术打包进入特殊配置，提供给市场。商业模式对于创新的最终作用就是确保创新的技术核心被嵌入一个经济可行的企业。该学派认为商业模式具有六项功能：（1）清晰地表达价值主张；（2）确定市场细分；（3）定义企业要创造和配送的提供物的价值链结构；（4）估计生产提供物的成本结构和获利潜能；（5）描述企业在价值网络中的位置；（6）规划竞争战略。实际上，这六项功能集合服务另外一个功能，即判断实现模式所需要的财务资本和定义扩展业务的路径。

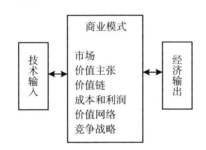

图 3 - 1　作为中介构造的商业模式②

　　每一个企业都有商业模式，不管是否能描述清楚。商业模式本质上完成两个重要功能：价值创造和价值获取。③ 首先，商业模式定义了从获取原材料到满足最终消费者的一系列活动，这些活动创造新产品或服务，并创造净价值。净价值的创造非常重要，如果没有，则其他企业就不愿意参与这些活动。其次，商业模式为企业发

---

①② Chesbrough H., Rosenbloom R. S., "The Role of the Business Model in Capturing Value from Innovation: Evidence from Xerox Corporation's Technology Spin-off Companies", *Industrial and Corporate Change*, No. 3, 2002.

③ Chesbrough H., "Business Model Innovation: It's not just about Technology Anymore", *Strategy & leadership*, No. 6, 2007.

展和运营需要获取一定比例的价值，这同样重要，如果不能获取一定比例的价值，一段时间后，活动不可能维持。因此，价值创造与价值获取之间存在实实在在的冲突、紧张关系。举例来说，一项高价值的专有技术产品，若缺乏竞争性替代品，看似易于为企业创造利润。但是，很多情境下，因为使用习惯、教育引导和配套服务不足等顾客不愿意购买这样的产品。然而，让这项技术更加开放，会有更多的产品提供商参与，会吸引更多顾客使用，但是原创者更难从提供物中获取价值回报。因此，引发创造价值大而获取价值的这种失调因素必须得到平衡。切萨布鲁夫（2007）提出商业模式框架（Business Model Framework，BMF）的概念，用来描述从非常基本的模式（没什么价值）到非常高级的模式（非常有价值）序列化的模型，以此说明商业模式本身质量的高低。使用 BMF，企业可以评估当前商业模式与潜力相关的所处位置，然后定义合适的步骤去进一步改善商业模式。BMF 包括六个级别：（1）无差别的商业模式。目前大量运营的企业没有一个能被准确描述的独特模式，并缺少管理商业模式的过程。这些公司运行的就是无差别模式，出售商品并且方式上与多数其他企业没什么不同。它们经常会陷入"商品陷阱"。例如，宾馆和理发店就是这种模式。（2）有点区别的商业模式。这种模式的企业在产品与服务方面存在些许差异，这种差异也导致其与无差别商业模式的企业不同，它们缺少资源和维持力，难以支撑维持其差异化位置的创新活动。这可能导致"昙花一现"，企业或投资者在第一产品上获得了成功，但不能够在随后的产品上也获得类似的成功。如许多技术型公司就属于这种模式。（3）细分的商业模式。企业能够在不同的细分市场上同时竞争，因而企业服务于多数市场，并从中获取利润。细分商业模式的企业仍然易于受到任何超越当前商业模式和创新活动范围的主要新技术转移和市场转移的伤害。如成熟的、垂直整合的工业企业。

（4）外部意识商业模式。企业在发展和运行商业时，开始对外界思想和技术保持开放态势，可获得明显更多的可获得资源。企业可从供应商和顾客那里分享创新思想，也允许供应商和顾客将他们的活动计划与企业创新活动进行对接。（5）与创新过程融合的商业模式。企业的商业模式扮演一个关键的融合角色，供应商和顾客享受正式制度化的进入企业的创新过程，他们也将自己的活动路标与企业分享，给予企业更好的可见度去洞察顾客未来的要求。在这个阶段，企业开始更直接地对商业模式本身进行实验，花时间去理解供应链，直至最基本的原材料，探索主要的技术转移和成本降低的机会；也投资大量的资源去研究"顾客的顾客"，深度理解未满足的需要和市场机会。（6）适应性平台商业模式。相比外部意识商业模式和与创新过程融合的商业模式，适应性平台商业模式是更具开放性和适应性的模式。这种适应能力要求致力于实验一个或多个商业模式种类。关键的供应商和顾客成为商业伙伴，共同承担企业所面临的技术和商业风险。BMF 能够帮助企业评估当前的商业模式，客观识别当前商业所处的阶段，并可观察到下阶段商业模式属性，为进一步提升商业模式提供一些指导方针。当企业处于创新过程融合的商业模式和适应性平台商业模式时，好的方面是这两种模式可能非常赚钱并难以模仿，但不好的方面是没有一个伟大的模式能永远持续。因此，在每一个阶段，企业需要努力思考怎样可持续和创新商业模式。但是，许多组织有商业模式创新领导者缺口（Leadership Gap）。培育商业模式不容易，没有方法确切清楚将来的商业模式究竟是什么，前进的唯一方法就是进行一些实验，搜集证据，识别最有前途的方向，然后再进行一些实验，最后形成一个有前途的模式，并被放大。

三、模型学派

模型学派从认知的视角，将商业模式视为一种模型，其代表性人物是巴登－富勒（Baden－Fuller）。商业模式的一个角色是提供一个企业自身如何以有利可图的方式创造和分配价值的通用标准描述语的集合。这给我们提出了一个更广泛的问题，即商业模式到底是什么事物？这要先澄清分类学和类型学（Taxonomy and Typology）两者的差异，为理解种类和类型做准备。区分两者的通用方法是，一个分类是作为现实世界被观察的事物的一个种类，并且源于经验工作，自底向上，发展而来。一个类型，通常被理解为用来描述事物或事件的类型，这种类型是科学家理论上或概念上的决定，自上而下。商业模式扮演着多种形式的模型，[①] 即（1）商业描述与分类的工具，类似于比例模型（Scale Models）和角色模型（Role Models）；（2）科学调研的场地，类似于生物学的模型生物（Model Organisms）和经济学的数学模型（Mathematical Models）；（3）创造性管理者的"食谱"（Recipes）。作为模型的商业模式体现多重中介角色。将商业模式与比例模型和角色模型比较，有助于用分类学或类型学去分类商业。比例模型提供现存事物的代表或简短的描述，而角色模型是令人羡慕的理想案例。将商业模式与生物学的模型和经济学的数学模型比较，可以显示出商业模式怎样成为科学探究的工具。将商业模式与"食谱"比较，特定的商业模式功能就像"食谱"，可作为技术的实际模式为复制做好准备，并且向变革和创新敞开大门。商业模式虽然不是"食谱"、科学模型、

①　Baden－Fuller C.，"Morgan M. S.，Business Models as Models"，*Long Range Planning*，No. 2，2010.

比例模型或角色模型，但面向不同的企业和出于不同的目的，商业模式能够扮演这些角色中的任何一个或全部，并且常常同时扮演多重角色。

商业模式根本上是与技术创新联系在一起的，但其概念本质上是与技术分离的。[①] 商业模式是识别谁是顾客、与顾客契合、传递满意和货币化价值问题解决的一个系统。这种框架描述商业模式系统为一个模式，包括因果关系，并且提供一个分类依据。描绘商业模式与技术间的关系有两种方式：一是商业模式调节技术与企业绩效的关系；二是开发合适的技术是关于开放性与用户契合的商业模式决策事项。这样商业模式被分成四个维度，即顾客识别（Customer Identification）、顾客契合（Customer Engagement）、价值传递（Value Delivery）和货币化（Monetization）。

商业模式不仅是经济联系的陈述，也是认知设备，被这些活动者的思想紧紧控制的商业模式影响技术产出。巴登 - 富勒和海弗里格（Baden - Fuller and Haefliger，2013）强调商业模式有两个重要的因素影响发展：开放的作用和用户的作用。开放是指企业边界的渗透性。我们认为开放的重要性不仅在于决定技术轨迹，而且开放性是与用户参与相连接的。技术开发能够促进新商业模式形成，但商业模式创新也能在没有技术开发的情况下发生。事实上，商业模式与技术有规律地相互作用。商业模式对绩效的影响并不总是将商业模式创新效应与技术创新效应分离。我们需要更精确地理解商业模式创新与绩效的联系，以及商业模式怎样改变技术创新对商业模式的影响。事实上，技术创新对商业绩效的正向效应很容易被观察到，因而，当前的注意力已经转向商业模式如何紧随技术创新而变

---

① Baden - Fuller C., Haefliger S., "Business Models and Technological Innovation", *Long Range Planning*，No. 6，2013.

化。同时，管理理论要求更关注通过什么途径使得商业模式变化和培育创新。

巴登－富勒和曼奇马丁（Baden－Fuller and Mangematin，2013）将商业模式视作认知组态的集合，[①] 并认为认知议程更有挑战和前途。对于研究者，基于因果模型的分类结构代表了一条光明大道，因为结构有助于解释企业行为和组织生存。在这个背景下，商业模式处于潜在的中心地带。在认知议程中，商业模式不是企业做什么的完整描述，而是一个捕获顾客、组织和金钱之间因果关系的本质的简约特征，在这个框架下，商业模式潜在地可与企业的背景分离，包括其使用的技术。将商业模式视为一般性的，但潜在的可改变的组态能帮助行业管理者思考在将来的状态下如何行动，并能帮助研究者开发新的理论。

模型学派的另外一个重要学者是萨巴蒂尔（Sabatier）。原创性商业模式通常出现在新兴行业，能够快速成为标志，并以企业的名称为标签。[②] 类比是描述一个重要概念的简洁、快速的方法。将商业模式与菜品的食谱类比，商业模式可分为五个要素：（1）一般特征，商业模式的特征维度能够以两个子维度表示：一是前景水平，区分哪些活动被视为有前景的，依据是进入市场时间，即投资与获利的滞后时间，涉及风险和期望利润水平；二是与价值链上其他行为主体相关性程度。（2）材料清单，包括材料数量，表示商业模式完成其活动必需的重要资源，这些资源可是企业内部拥有，也可以从外部获取。获取互补性资源条件的联盟、企业在价值链上

① Baden－Fuller C., Mangematin V., "Business Models：A Challenging Agenda", *Strategic Organization*，No. 4，2013.

② Sabatier V., Mangematin V., Rousselle T., "From Recipe to Dinner：Business Model Portfolios in the European Biopharmaceutical Industry", *Long Range Planning*，No. 2，2010.

的定位与商业模式生成利润的成功都依赖于企业聚集战略性资源的能力。（3）配方过程，指商业模式履行的程序：从非正式的最初想法到塑造最终设计的试错过程，或者一个连续的修改过程，顾客、技术、商业系统的基础结构、经济与盈利能力都需要重新考虑。（4）菜肴图片，即菜肴的事前表示，与标志性商业模式一样，可以鼓舞其他战略家和管理者。（5）互补性元素，表示完成整个宴会的其他菜肴。宴会（商业模式组合）由几道菜（商业模式）组成，每一道菜（商业模式）都是按照菜谱设计的。不同的商业模式在公司层面实现互补。这五个要素定义了商业模式组合，从而确定了向顾客传递价值的不同方法的范围，平衡期望水平和与其他企业商业模式的相依性，有助于描述和帮助运营中期的活动，并确保可以获取长期健康的特质。行业主动逻辑和商业模式紧密相关。① 行业的主导逻辑是参与者共享的价值创造和捕获的一般方案。在高科技领域，技术不连续性不足以破坏行业的主导逻辑。确定可能触发该逻辑变化的因素可以帮助公司制定战略，使其能够通过破坏逻辑来从创新中获取更大价值。在经历强烈不连续性和高技术不确定性的成熟行业中，进入者的商业模式最初倾向于融入行业已建立的主导逻辑，其价值链保持不变。但随着新技术的发展和不确定性的降低，颠覆性商业模式应运而生，挑战主导行业逻辑并重塑已建立的价值链。

四、模块学派

模块学派将商业模式结构视为由若干个构建模块组合而成，该

---

① Sabatier V. , Craig - Kennard A. , Mangematin V. , "When Technological Discontinuities and Disruptive Business Models Challenge Dominant Industry Logics：Insights from the Drugs Industry", *Technological Forecasting and Social Change*, No. 5, 2012.

学派代表性人物是约翰逊（Johnson）。该学派认为一个成功的商业模式包括四个相互锁定（interlock）的元素，即顾客价值主张、盈利公式、关键资源和关键过程（如图 3 - 2 所示），且这四个元素共同创造和传递价值。[①]（1）顾客价值主张是指为顾客创造价值的方法，也就是帮助顾客完成重要工作的方法。这里"工作"的意思是在给定情景中顾客需要解决的一个基础性问题。一旦理解工作和工作的所有维度，包括完成工作的整个过程，就可以设计出提供物。工作对顾客的重要性越大，顾客对当前完成工作的满意度越低，如果新的解决方案比现有的替代方案能更好地完成工作，则顾客价值主张越好。（2）盈利公式是定义当公司为顾客提供价值时怎样为自身创造价值的蓝图。盈利公式包括四个部分：收入模式、成本结构、利润模式和资源周转率。应注意的是，企业怎样挣钱只是商业模式的一个部分。（3）关键资源指的是传递价值主张给目标顾客所需要的资产，如人、技术、产品、设施、设备、渠道和品牌。关键资源非一般资源可比，它能创造竞争差异化。（4）关键过程是指企业所拥有的一套运营和管理流程，允许以重复和增加规模的方式传递价值。关键过程可以包括周期性任务，如培训、开发、制造、预算、规划、销售和服务；也包括公司的规则、指标和标准。这四个元素是形成任何商业的构建模块。顾客价值主张和盈利公式各自定义了传递给顾客和公司的价值；关键资源和关键流程描述价值怎样传递给顾客和公司。通过系统识别商业模式所有的组件，经理能够理解商业模式怎样利用特定的关键资源和关键流程来实现一个潜在的价值主张，也能很好判断同样的模式（除顾客价值主张不同）怎样去实现完全不同的顾客价值主张。这个商业模

---

① Johnson M. W. , *Seizing the White Space*：*Business Model Innovation for Growth and Renewal*, Harvard Business Press, 2010.

式定义框架似乎非常简单，但是其力量在于各部分之间的复杂相依性。四个元素中任何一个发生重要的变化都将影响到其他部分和整体。成功的商业都会或多或少地设计一个稳定的系统，四个元素以一致的或互补的方式相互结合成一个整体。创造竞争优势在于整合这四个元素为顾客和企业生产价值。[①] 顾客价值主张和关键资源两个元素决定竞争的差异化；顾客价值主张、盈利模式和关键资源三个元素决定竞争的价格。商业模式可用多种方法构思。为了改变需要，顾客价值主张必须比替代者更有效、更简单、更易获得和更省钱地解决问题，以重复的和规模扩增的方式传递价值。但说起来容易，做起来难。

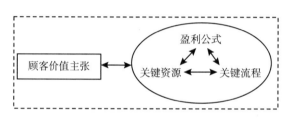

图 3 - 2　商业模式的四个构建模块[②]

依据图 3 - 2，建立有效的商业模式的策略是：第一，创造一个顾客价值主张。若不能首先清晰识别出顾客价值主张，就不可能创造或重塑商业模式。顾客价值主张最重要的属性是它的精度：企业怎样准确地发现顾客有待完成的工作？但这常常是最难实现的事情。因为企业努力创造新的模式，常常容易忽视将精力聚焦于一项工作，而将精力分散于尝试做很多事情，这样的结果是没有一项工

---

① Eyring M. J., Johnson M. W., "Nair H. New Business Models in Emerging Markets", *Harvard Business Review*, No. 1, 2011.

② Johnson M. W., *Seizing the White Space*：*Business Model Innovation for Growth and Renewal*, Harvard Business Press, 2010.

作真正做好。产生精确的顾客价值主张的一种方式是考虑怎样清除人们完成特定工作的四个最普遍的障碍：不充分的财富、通路、技能和时间。第二，设计一个合适的盈利模式。第三，识别关键资源和过程。已经清楚面向顾客和商业的价值主张，企业必然随后考虑关键资源和过程，传递这些价值。

五、故事学派

故事学派认为商业模式其实就是解释企业工作的故事，其代表性人物是玛格丽塔（Magretta）。良好的商业模式始于对人们动机的洞察，并终于丰富的利润流。对于每一个想要成功的组织，不管是新创企业还是成熟的市场老手，一个好的商业模式是必不可少的。"模式"一词让人联想到白板上晦涩难懂的数学公式。但商业模式绝不神秘，其本质是故事，即解释企业怎样工作的故事。[①] 它能回答德鲁克古老的问题：谁是我们的顾客？顾客价值是什么？怎样从这些商业中挣钱？基本经济逻辑是什么？

一个好的故事能精彩地描述人物角色、合理的动机和具有价值洞察的情节。与此类似，一个成功的商业模式，代表着一个比当前商业模式更好的方式，为一个独特的顾客群提供更多的价值；或者新模式可以完全替代原有的做事方法，并成为下一代企业竞争的标准。创造一个商业模式与写一个故事很相似。在一定程度上，所有新故事都来源于旧故事，基于所有人类经历普遍性主题的重构。任何商业模式都是基于所有商业基本价值链的发展变化而来。更广泛地讲，这种价值链包括两个部分：一个部分包括与制造某物相联系

---

① Magretta J., "Why Business Models Matter", *Harvard Business Review*, No. 5, 2002.

的所有活动，如设计、购买原材料、制造等；而另一个部分包括与销售某物相联系的所有活动，如发现与接触顾客、销售交易、配送产品和传递服务。一个新商业模式的故事情节转向为满足一个需要而设计新的产品，或者转向过程创新，为一个已经证明可靠的产品或服务设计更好的制作、销售或配送方式。

商业建模是一种管理方面的科学方法，始于一个假设，然后用行动测试，并根据需要进行调整。一旦企业开始运营，商业模式的基本假设，不管是动机方面还是经济方面，都需要经受市场的持续不断的检验。成功取决于是否有管理能力去调整、修正正在运行中的模式。盈利是非常重要的，不仅是因为其本身的意义，更因为它能表明商业模式是否有效。当结果未能达到期望时，需要重新检查商业模式。商业模式效果不理想的原因在于不能通过叙事测试（Narrative Test，评估故事还有没有意义）或者数值测试（Numbers Test，评估利润、销量、使用量是否在增加）。作为一个规划工具，商业模式的伟大力量在于其聚焦于系统中的所有元素如何匹配成一个工作整体。毫不奇怪，总经理掌握了商业模式思维的根本，因此会比普通员工站在一个更高的位置引领成功。

尽管"商业模式"和"战略"两个术语在当前仍被许多人交换使用，但是，两者确实不是同样的事物。作为一个系统，商业模式描述一个商业的各个部分如何组合在一起，没有将绩效的一个重要维度——竞争作为自身的一个元素。但或迟或早，每一个企业都会遇到竞争对手，而处理竞争则是战略的工作。竞争性战略解释怎样比竞争对手做得更好，即差异化。当企业以独一无二的、其他企业无法复制的方式做商业时，该企业就会获得占优势的利润。一个好模式还不足以保证企业的成功。戴尔公司直接向终端顾客销售，而其他个人电脑提供商通过中间商销售，戴尔的直销模式不仅砍掉价值链中的高成本连接，也使得戴尔更清楚库存信息。依靠这个创造性新模式，戴尔连续十年间表现优于竞争对手。在这个案例中，戴尔的商业模式大量扮演了战略的功能，使得戴尔很难被对手复制。若对手试图直接销售，那么会破坏当前的分销渠道和所依赖的中间商联盟关系，进而束缚于自身的战略。当一个新模式改变了一个行业的经济，并且很难复制时，其本身就创造出一个很强的竞争优势。然而，还需要看到，戴尔仍然做了重要的战略选择：服务于哪些顾客，并提供哪种产品与服务。20世纪90年代，当其他PC制造商聚焦家庭市场时，戴尔主动选择利润更客观的大公司客户；当其他厂商通过直接销售，提供低端产品、引诱首次购买者时，戴尔深度分析顾客的二次、三次计算机需求，销售功能更强大、利润更高的机器。当商业模式的基本方面相同时，有关模式的应用场所，如人口市场、细分、顾客和产品等，必须要做出改变。另外，商业模式应作为员工沟通和激励的一个基础。因为，一个好商业模式叙说一个好故事，使得组织中的每一个员工聚焦于企业想要创造的价值。好故事容易掌握和记忆，可以帮助每一个个体基于一个更大的背景，即企业想要做什么，理解各自的工作并相应调整各自的行为。一个好模式能够成为改善执行力的强大武器。

六、选择学派

选择学派认为商业模式是由选择和选择后果所组成的因果关系集合，其代表性人物是卡萨德苏斯和里查德（Casadesus – Masanell and Ricart）。商业模式表达必须可以用来分析和评估。而表达商业模式的一种有用方式是利用因果循环图，因此卡萨德苏斯和里查德认为商业模式的一个组件必须是经理做出的组织怎样运营的选择（Choices），管理者的选择必然有后果（Consequences），这成为另外一个组件。① 举例来说，定价（一个选择）影响销售量，这反过来形成公司的规模经济和议价能力（两个后果）。这些后果影响公司价值创造和价值获取的逻辑，因此，太有必要将它们放在商业模式定义中了。由此，最简单的概念，一个商业模式由管理选择、这些选择的后果和理论假定所组成（如图3-3所示）。企业创造商业模式时做出三种类型的选择：政策（行动方针、路线和方案）、资产（无形资产与有形资源）和对前两者的治理（安排结构）；后果被分成柔性（对选择敏感）和刚性（对选择所反应的速度慢）；理论，是对选择与后果怎样联系的假定，如高研发投入导致创新性产品。举例来说，当提高价格时会立即导致销量减少。与之相比，公司节俭的文化，通过强迫雇员坐经济舱和共享酒店房间等政策，久而久之建立起来的是一个刚性的结果，甚至当政策改变时，也不太可能立即消失。

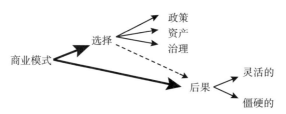

图3-3 选择学派所定义的商业模式②

在封闭的状态下评估商业模式，一个好的商业模式应该是：③（1）瞄准目标，指商业模式选择所带来的后果能推动组织向其目标前进；（2）自我强化，指不同选择之间彼此很好互补；（3）良性循

①②　Casadesus - Masanell R. ，Ricart J. E. ，"From Strategy to Business Models and onto Tactics"，*Long Range Planning*，No. 2 - 3，2010.

③　Casadesus - Masanell R. ，Ricart J. E. ，"How to Design a Winning Business Model"，*Harvard Business Review*，No. 1，2011.

环，指正反馈循环的存在，帮助商业模式不断增加力量；（4）鲁棒性，指商业模式维持一段时间效能的能力（注意到刚性结果的存在会加速良性循环，这代表一种模仿的障碍）。但是，考虑商业模式的交互非常重要。两个不同的商业模式若被连接在一起，则是相互依赖的。在这样的情况下，企业的绩效不仅依赖于自己的行动，还依赖于一些其他组织的完成。相互作用可以是战术性的，即不同组织彼此影响，是因为在商业模式设定的边界内行动；也可以是战略性的，即不同组织彼此影响，是因为各自修改商业模式行为。相依性可以是正向的，也可是负向的。两个商业模式也许会相互加强合作，帮助各自改进工作；也许会相互加强竞争，使各自受损。相依性的强度是商业模式内生性特征，因为它依赖于高管的选择。当没有竞争者时，商业模式很容易注入良性循环；但是没有商业模式是在真空中运行，至少不会长久。为了与一个商业模式相似的竞争对手竞争，企业必须快速建立刚性后果，以至于能创造和获取比对手更多的价值。当与一个商业模式不相似的对手竞争，将会有不同的结果，结果难以预测哪个商业模式完成得更好。企业商业模式竞争可以通过三种方式：强化公司的良性循环、弱化对手循环和将竞争者变为互补者。

从根本上讲，商业模式创新是指搜索新的企业逻辑、为利益相关者创造和获取价值的新方法，并且主要聚焦于发现形成收入的新方法和为顾客、供应商和伙伴定义价值主张。[①] 大量行业的新进入者，甚至在与非常成熟的在位者竞争的环境下，一次又一次地证明了创新性商业模式为可持续商业的成功提供了基础。但是正如产品

---

① Casadesus – Masanell R. , Zhu F. , "Business Model Innovation and Competitive Imitation: The Case of Sponsor – Based Business Models", *Strategic Management Journal*, No. 4, 2013.

和过程创新很难受到保护一样，商业模式创新能够被模仿。实证研究表明在位者经常从进入者那里学习新商业模式，并且作出反应，将这些创新的全部或部分融入在位者自身商业中。竞争性模仿的可能性暗示进入者有必要战略选择是否公开采用新模式竞争的想法，或采用一个传统的、成熟的价值创造和获取模式以隐藏新模式。当商业模式不能被保护，存在可能的竞争性模仿时，新进入者采纳商业模式创新，需要思考有利条件和不利条件。战略揭示（Strategic Revelation）指的是一种情境，即如果在位者被预期继续用传统模式竞争进入者展示将采用新商业模式竞争的意向，但实际选择不这样做，这样的揭示，会诱导在位者改变商业模式。战略隐藏（Strategic Concealment）指的是一种情境，即如果在位者被预期继续按照传统商业模式竞争进入者展示将不采用新模式竞争，但实际选择这样做，这样的隐藏，阻止在位者以一种对进入者不利的方式改变商业模式。

七、演化学派

演化学派认为商业模式不是固定静止的，而是动态演化的，该学派的代表人物有德埃米尔和勒科克（Demil and Lecocq）。商业模式概念一般指为客户提供一个价值主张所涉及的不同领域企业活动之间的衔接。[①] 商业模式概念存在两种不同方法：一是静态的方法（Static Approach），即作为协调商业模式核心组件一致性的蓝本；二是转换的方法（Transformational Approach），即作为描述组织或模式本身变化和创新的工具。考虑到商业模式的进化，尤其是商业

---

① Demil B., Lecocq X., "Business Model Evolution: In Search of Dynamic Consistency", *Long Range Planning*, No. 2, 2010.

模式组件之间相互作用下的动态性，德埃米尔和勒科克（2010）建立了商业模式的核心组件 RCOV 框架（如图 3-4 所示），即三个构建模块：资源与能力（Resources and Competences）、组织结构（Organizational Structure）和价值主张（Value Propositions）。资源和能力组件表明创业者一开始将以资源和能力的方式去创业。资源可能来自外部市场或从内部开发而来，而能力指个别或集体层面的管理者提供知识和技能水平，从而改善、重组或改变现有条件下可以提供的服务。组织结构组件包含组织内活动以及为了结合并利用外在资源而与其他组织建立的关系。概括地说，这种构建模块包含了其价值链的活动。价值主张组件，即企业以产品和服务的形式，提供给客户的价值主张。RCOV 框架有助于管理者们思考各自商业模式不用组件之间系统的相互作用，以及作用产生的原因和后果的序列。在某种程度上，管理者们对于在他们商业模式核心部件之间创建一个可以提高公司实力的紧密耦合系统很感兴趣。然而，当环境条件产生变化，或是组件内部或是组件之间产生恶性循环时，这种耦合系统就很难维持了。在这种情况下，为了恢复性能而增量修改商业模式的元素会显得不足，可能需要企业彻底地改变商业模式。因此，商业模式变革下的可持续性，即动态一致性（Dynamic Consistency），在于管理者识别组件之间变化的能力，以及整个公司商业模式的性能。核心组件和企业家创新精神开放式相互作用，意味着商业模式总是在不断变化……管理者必须监视一致性以确保一致性绩效。

　　德埃米尔和勒科克尝试将商业模式概念中互补而非对立的两种不同的常用用途协调一致。静态观点旨在描述这些元素配置所产生的好的和不好的性能，动态的观点旨在掌握如何让一个商业模式在时间的演变过程中更加有用。结合这两种方法的优点，选择通过聚焦商业模式核心组件之间的交互来研究它的变革。一个企业的资源

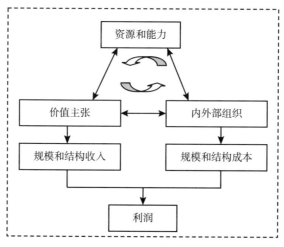

图 3 - 4　动态学派的商业模式①

和竞争力，它的组织体系和价值主张能够提供永久的相互作用，从而能够提高或是降低组织的性能。因此，当一个组织发生了变化，变化将是全局性的，每个变化的元素将会相互影响，商业模式维持在一个永恒的非均衡状态。根据相对广泛的组件描述商业模式，这样就可以避免局限于只能适应特定的组织或商业模式的狭隘的预定义的概念范畴，还可以避免仅从整体上考虑商业模式而导致的仅从一般的情形而没有详细的分析来描述商业模式变化。RCOV 框架不仅是简化的而且是动态的，能够使商业模式各组件之间潜在关系和反馈机制更加清楚，而且能够反映出一个组织商业模式与其性能之间关系的变化。它能够提供一个有效的方法来克服用商业模式来分析一个企业的一致性（意味着商业模式的观念是静态的）与动态观点之间的矛盾，这个动态观点对于肯定管理人员为了一直维持公司的状况而将这些变化整合起来所做出的努力是非常重要的。

---

① Demil B., Lecocq X., "Business Model Evolution: In Search of Dynamic Consistency", *Long Range Planning*, No. 2, 2010.

对于从业者而言，RCOV 框架能够构成一个有用的工具来帮助他们不断反思和改变商业模式的设计。商业模式核心组件元素的持续进化意味着管理者必须时刻关注自己的资源和能力的组合，更确切地说，这些资源所能提供的服务有助于产生新的价值主张，并使企业能够向资源利用最优化的方向发展。例如，阿森纳球迷就是价值主张的目标和资源，在这种意义上，他们就是鼓励赞助商加入俱乐部成为合作伙伴的人。斗转星移，俱乐部已经培养了收益管理和客户关系管理的能力，来为球迷提供更好的服务，这些能力可能成为新价值主张的基础，而且在将来可能会为其他的俱乐部提供服务。通过强调所拥有资源和能力的各种用途和未来的潜力，RCOV框架可以促使管理者创造性地去思考他们价值命题、内部和外部的组织结构以及从他们自身拥有的资源中可以采用的变革。管理者也可以利用 RCOV 框架来思考商业模式不同组件之间系统的相互作用，以及产生原因和后果的序列。在某种程度上，管理者们对于在商业模式核心部件之间创建一个紧密耦合系统（Tightly Coupled System）很感兴趣，当商业模式的各核心组件永久地联系在一起，能够使企业充分发挥其潜力，提高其利润。这种紧密的联系将在各个核心组件（例如，自身的价值体系可能变为产生其他产品和服务的新的资源）以及各核心组件之间（例如通过价值主张中的协同效应）产生积极的反馈机制。最后，在核心组件之间创建和管理这种相互作用，能够为公司创造效益，甚至可以引起或是维持一个有价值的良性循环。然而，当环境条件产生变化，或组件内部或是组件之间发生恶性循环时，这种耦合系统就很难维持了。在这种情况下，为了恢复性能而增量修改商业模式的元素会显得不足，可能需要企业彻底地改变商业模式。因此，商业模式变革下的可持续性在于管理者识别组件之间变化的能力，以及整个企业的商业模式性能。管理者应充分利用发生的变化来创造和实现目标，或者减少变化带来的影响，以维持或提高实力。能够逐步发现更多关系有助于管理者更加有效地微调整商业模式以追求更高的效益。只有当核心 RCOV 组件选择导致可持续性绩效时，商业模式才具备了一致性。核心组件和企业家创新精神开放式相互作用，意味着商业模式总是在不断变化，管理者必须监视一致性以确保一致性绩效。

该学派的另一个重要学者是卡瓦卡特（Cavalcante）。商业模式应服务于两个相互联系的目的：既要为企业活动的开发提供一些稳定性，同时还要允许足够灵活的变化。[1] 管理者或许未能及时地意识、探索、把握和利用有价值的新技术和市场机遇，因为这可能需要与当前商业模式不一致的商业方法。因而，关键的问题在于是否存在一种方法能在商业模式稳定化力量和与不连续的市场和技术相联系的固有动力之间建立关键联系？如果这种方法存在，那么识别独特的变化类型的战略框架是什么？卡瓦卡特等（Cavalcante et al.，2011）提出一个新的基于过程的商业模式概念模型，这个模型意识到并结合了个体代理（Individual Agency）的作用。基于这个概念模型，区分和指定四种不同类型的商业模式变化：商业模式创造、拓展、修正和终止。每一个商业模式变化类型都与具体挑战相联系。

八、其他学派

商业模式研究领域还存在其他重要分支，如奥斯瓦尔德和皮尼厄（Osterwalder and Pigneur）的画布学派，[2] 该学派将商业模式设

---

① Cavalcante S. , Kesting P. , "Business Model Dynamics and Innovation：（Re） establishing the Missing Linkages", *Management Decision*, No. 8, 2011.

② Osterwalder A. , Pigneur Y. , *Business Model Generation：A Handbook for Visionaries, Game Changers, and Challengers*, John Wiley & Sons, 2010.

计成九个要素，通过图上作业的方式帮助企业设计价值主张、价值创造和价值获取的新方式（如图3-5所示）；另一个学者是李东教授，他将商业模式视为一个容器，利用容器的密封性和容量两个重要属性来评估商业模式的优劣。[①]

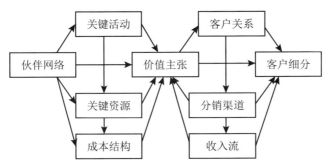

图3-5　商业模式画布中九个要素的关系

　　虽然不同文献从多个视角给出了丰富的定义描述，但可以总结成四个基本命题：（1）商业模式是依附于商业的，有商业就有商业模式，而一个新商业模式最初都是与一个特定的新风险项目有关。（2）商业模式的核心主题是价值主张、价值创造与价值获取，而价值创造与价值获取内在需要一个跨越组织特定业务边界的价值活动系统。（3）必须对价值活动进行区分，商业模式关注的是核心的可重复的标准活动，即这种价值活动有三个属性：核心的、可重复的与标准的。（4）基于前三个命题，商业模式事实上是基于特定背景的一个调节变量（如图3-6所示），调节输入变量（如技术、风险投资），影响输出变量（如企业绩效、用户数）。不同

---

　　① 李东、王翔等：《基于规则的商业模式研究——功能，结构与构建方法》，载于《中国工业经济》，2010年第9期；李东：《商业模式原理：解密企业长期盈利逻辑》，北京联合出版公司2014年版。

背景下，商业模式调节效应也不同。

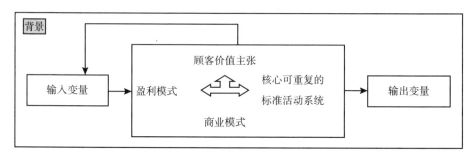

图 3-6 商业模式 CPC 结构[①]

因此基于价值活动的视角，商业模式结构可以用三个组件表示：顾客价值主张（Customer Value Proposition）、盈利模式（Profit Model）和核心可重复的标准活动（Core Repeated Standard Activities）。[②]（1）顾客价值主张，表明价值活动的目的与动机，识别特定客户的未满足需要，即定位细分顾客群的某项重要工作。"工作"的意思是在给定情景中顾客需要解决的一个基础问题。一旦理解工作和工作的所有维度，包括完成工作的整个过程，就可以设计出提供物。（2）盈利模式，表明价值活动可持续的条件。缺乏盈利模式，价值活动不可持续。盈利模式定义组织怎样从创造顾客价值活动中获取一部分价值作为利润的方案，包括收入模式、成本结构、利润模式和资源周转率。（3）核心可重复的标准活动，表明价值活动属性与相互连接方式。核心可重复的标准活动，是顾客价值主张与盈利模式能否有效实现的决定性因素。顾客价值主张描

① 李永发、李东：《新商业模式成型过程与动态测评》，载于《科技进步与对策》，2015 年第 12 期。

② Cavalcante S., Kesting P., "Business Model Dynamics and Innovation：(Re) establishing the Missing linkages", *Management Decision*, No. 8, 2011.

绘了设计中的顾客价值，同样盈利模式描绘了设计中的企业价值，将设计中的价值转变成现实中的价值，就需要依靠在实践中完成这些价值活动。核心可重复的标准活动，使得竞争对手难以模仿，允许组织本身以重复和规模扩张的方式创造价值、传递价值和获取价值。

图 3-6 隐含的意义在于，对于如何测评商业模式表明三条路径：第一，测量商业模式质量，基于结构视角，分析商业模式三个元素的意义、匹配以及整体的叙事逻辑；第二，测量输出变量值，如企业利润的变化，市场份额的变化，市值、用户数的变化等，并以此判断商业模式是否可行；第三，评估输入量的变化，如技术、融资量、人才等背景要素的改变，也可间接判断商业模式质量，因为商业模式效应存在滞后性，特别是在短时间内其效应在输出变量中没凸显出来，那么观察输入变量变化，将会有利于做出正确的决定。

第二节　商业模式、战略和动态能力

商业模式、战略和动态能力是紧密相关的三个重要概念，三者的边界常常让人困惑，需要进一步澄清。商业模式可以被理解为战略的选择结果或映像；战略是一段时间跨度内各个子时间段商业模式及其组合的序列化连接的安排；而动态能力则决定了各个时点上的商业模式以及整个时间跨度上的战略能否有效且高效地实施。

一、商业模式与战略

阿尔德贝和阿维森（Al – Debei and Avison，2010）认为商业

模式是商业战略与商业过程之间的中间层，并且分别存在交叉点：[1]（1）商业战略与商业模式交叉点。根据波特的观点，商业战略是一个商业组织在行业内定位自己的方式，采纳的基本战略有成本领先、差异化和聚焦。在这个过渡阶段，为了获得战略目标和目的，商业组织转化它的远大战略目标为具体的商业架构、协作、价值主张和财务安排。商业模式在这个交叉点依赖于和源于商业战略。（2）商业模式与商业过程连同信息系统的交叉点。商业过程可以被定义为为了提高特定的服务所进行的一连串联合活动。在这个过渡阶段，商业模式作为基本系统，而商业过程连同信息系统是由商业模式派生出来的。但是商业模式不能精确地定义商业过程和信息系统在一个具体的环境内怎样被执行和运行。商业模式是一个描绘、创新和评估初创企业和现有组织商业逻辑的工具，被认为是商业战略、过程和信息技术之间缺失的环节。[2]

玛格丽塔（2002）认为商业模式和战略是不同的，即使目前很多人相互交换使用这两个术语。[3] 商业模式描述一个系统、一个商业的局部怎样共同匹配。但是，商业模式不纳入绩效的一个重要维度——竞争。每一个企业都会遇到竞争者，如何应对竞争，就是战略的工作。竞争战略解释企业将怎样比对手做得更好。乔治和博克（George and Bock，2011）认为商业模式不包含公司战略，也不被战略所包含。[4] 战略是举措、活动和过程的动态集合，而商业模

---

[1] Al – Debei M. M. , Avison D. , "Developing a Unified Framework of the Business Model Concept", *European Journal of Information Systems*, No. 3, 2010.

[2] Veit D. , Clemons E. , et al. , "Business Models", *Business & Information Systems Engineering*, No. 1, 2014.

[3] Magretta J. , "Why Business Models Matter", *Harvard Business Review*, No. 5, 2002.

[4] George G. , Bock A. J. , "The Business Model in Practice and its Implications for Entrepreneurship Research", *Entrepreneurship Theory and Practice*, No. 1, 2011.

式是组织元素和活动特征的静态配置。战略是可以自反的，组织内举措的变化作用于应急战略；而商业模式具有不自反的"天性"，实行商业模式会产生组织变化，但商业模式本身不是变化的"说明书"或"食谱"。商业模式是以机会为中心，而战略以竞争者和环境为中心。

卡萨德苏斯和里查德（2010）认为商业模式、战略和战术三个概念，管理者用得多，误解也多，并提出一个模型来解释（如图3-7所示）。① 商业模式指企业的逻辑，即企业在一个竞争市场上怎样运转，以及怎样为利益相关者创造和获取价值的逻辑；而战略是为了创造独特的和有价值主张的计划，包括与众不同的活动集合。这种定义暗示企业已经做出了关于希望怎样在市场上竞争的选择。选择和后果的系统是战略的一个映像，但这不是战略，而是商业模式。战略指关于使用哪一个商业模式的应急计划。关键词是应急，战略包括对一定范围的紧急事件（如竞争者行动和环境震荡）的准备，无论它们是否会发生。然而，每个组织都有商业模式，但不是每个组织都有战略，即也许会发生的紧急事件的行动计划。战术，即企业采用商业模式之后，对企业开放的剩余选择。商业模式决定市场竞争可利用的战术。在简单竞争环境下，战略和商业模式是一对一的映射关系，很难将两个概念分开。但当出现重要应急事件，必须设计很好的战略时，商业模式与战略相异。可见，战略可被认为是一个高阶选择，意味着选择一个特定的商业模式，企业将应用这个模式在市场上参与竞争。战略是创造一个独特和有价值的位置，涉及一个差异性活动的集合；而商业模式是企业战略的反映，指企业的逻辑、运营方式和怎样为利益相关者创造价值。当不

---

① Casadesus - Masanell R., Ricart J. E., "From Strategy to Business Models and onto Tactics", *Long Range Planning*, No. 2, 2010.

存在意外事件作为商业模式选择的基础时，战略和商业模式是一致的。①

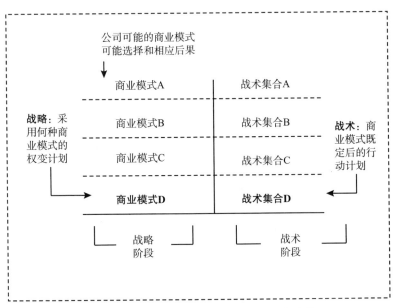

图 3-7 商业模式与战略之间的关系表达②

切萨布鲁夫和罗森布鲁姆（Chesbrough and Rosenbloom，2002）认为商业模式不同于战略至少表现在三个方面：③（1）商业模式源于为顾客创造价值，然后构造模式来传递价值。商业模式会关注从创造的价值中获取一部分，但是其程度远不及战略，战略非

---

① Sanchez P. , Ricart J. E. , "Business Model Innovation and Sources of Value Creation in Low-Income Markets", *European Management Review*, No. 3, 2010.

② Casadesus – Masanell R. , Ricart J. E. , "From Strategy to Business Models and onto Tactics", *Long Range Planning*, No. 2, 2010.

③ Chesbrough H. , Rosenbloom R. S. , "The Role of the Business Model in Capturing Value from Innovation: Evidence from Xerox Corporation's Technology Spin-off Companies", *Industrial and Corporate Change*, No. 3, 2002.

常强调价值获取和可持续性。源于当前或潜在的进入者的竞争威胁是战略思考的中心，但是在商业模式中较为次要。（2）商业模式是为商业创造价值，而不是为股东创造价值。商业单元是商业模式依托基本单位。一个商业的财务维度，经常被商业模式忽视。商业模式被假设为由企业的内部资源所资助，因此财务议题在商业模式中显得不突出；或者被早期风险资本所资助的初创企业，其更多关注商业模式所创造的顾客、用户量。（3）关于在何种知识状态下做假设。商业模式是在企业对所掌握的知识有认知限制的和偏见的状态下做假设；而战略一般是在存在大量的可获得的可靠信息状态下做假设，并认为企业任何部分的有限认知毫无用处。但战略这种假设不能促成早期技术的商业化。杨俊等（2018）指出，商业模式与战略是截然不同的独立概念，认为商业模式具有双重属性：一是基础架构属性，与如何创造价值有关，解决价值来源问题；二是价值属性，与如何塑造竞争优势有关，解决优势来源问题。①

二、商业模式与动态能力

达希瓦和土库曼（DaSilva and Trkman，2014）认为，基于"商业模式是已实现战略的反映"的观念可以明确战略塑造、开发一种可在将来改变目前商业模式的能力，即构造旨在有效对未来做出反应的动态能力。动态能力被定义为预期、塑造、抓住机会和避免威胁的能力，有了这种能力，企业可以改善、组合、保护并在认为必要时，重新安排企业的有形或无形资产以维持企业的竞争优

---

① 杨俊、薛鸿博、牛梦茜：《基于双重属性的商业模式构念化与研究框架建议》，载于《外国经济与管理》，2018 年第 4 期。

势；基于"每一个组织都有商业模式"和"不是每一个组织都有一个战略"的观念，可以发现战略是反映企业旨在成为什么；而商业模式是描述在一个给定的时间，企业实际是什么。[①] 可见，战略（长期视角）建立动态能力（中期视角），然后动态能力驱使可能的商业模式（当前或短期视角），而商业模式面对的是即将来临的或当前可能发生的事。

商业模式是描述公司如何为客户创造和交付价值的架构（Architecture），以及用于获取其中的一定份额价值的机制，[②] 它由一组匹配的元素所构成，包括成本、收入和利润流。与利润流的联系清楚地表明，企业的成功在很大程度上取决于商业模式的设计和实施，就像选择技术、有形资产和设备的运作一样。商业模式提供了一条途径，通过该途径，技术创新和技术与有形和无形资产的利用相互结合，转化为利润流。商业模式的设计和运营取决于企业能力。商业模式的精巧制作、改进、实施和转型是企业高阶（动态）能力的输出。动态能力是以组织惯例和管理技能为基础的整合、构建和重新配置内部胜任力的能力，以解决或在某些情况下去实现商业环境的变化。动态能力在很多方面对于企业长期保持盈利的能力至关重要，包括设计和调整商业模式的能力。蒂斯（Teece，2018）的结论是：动态能力与战略相结合，共同创建和完善可防御的商业模式，引导组织转型。理想情况下，这会带来足够的利润，使企业能够维持和增强其能力和资源。

---

① DaSilva C. M., Trkman P., "Business Model: What it is and what it is not", *Long Range Planning*, No. 6, 2014.

② Teece D. J., "Business Models and Dynamic Capabilities", *Long Range Planning*, No. 1, 2018.

第三节　商业模式的成型路径

开创性地构建了一个新商业模式是商业成功的首要原因。[①] 但是，许多企业尝试商业模式创新都未能成功，为了转变这种局面，克里斯滕森等（Christensen et al.，2016）认为高管迫切需要理解商业模式演化的规律。[②] 近年来，越来越多的学者正在对商业模式变化与演化进行探索性研究，如索斯纳等（Sosna et al.，2010）研究遭受经济衰退、政府放松管制和高度市场自由化背景之下西班牙餐饮业商业模式创新的驱动器和前因，发现其商业模式进化有两个独特的阶段：实验探索阶段和高度成长利用阶段；[③] 李东等（2013）对华东有色金属地质勘查局做了六年的扎根研究，发现商业模式蓝图酝酿期、原型实验期和规模复制期的领导角色分别是价值导入者、流程导入者和结构干预者；[④] 卡瓦卡特（2014）分析商业模式变化的四种结果状态：创造、调整、拓展和终止；[⑤] 项国鹏和罗兴武（2015）研究浙江物产集团公司18年商业模式的演进机制，归纳了价值主张、价值创造结构、价值分配与获取三个维度上的演化

[①] Johnson M. W., Christensen C. M., Kagermann H., "Reinventing Your Business Model", *Harvard Business Review*, No. 12, 2008.

[②] Christensen C. M., Bartman T., Van Bever D., "The Hard Truth about Business Model Innovation", *MIT Sloan Management Review*, No. 1, 2016.

[③] Sosna M., Trevinyo-Rodríguez R. N., Velamuri S. R., "Business Model Innovation through Trial-and-Error Learning: The Naturhouse Case", *Long Range Planning*, No. 2, 2010.

[④] 李东、徐天舒、白璐：《基于试错—学习的商业模式实验创新：总体过程与领导角色》，载于《东南大学学报：哲学社会科学版》，2013年第3期。

[⑤] Cavalcante S. A., "Preparing for Business Model Change: The "Pre-stage" Finding", *Journal of Management & Governance*, No. 2, 2014.

特征;[①] 李长云和邓娟（2015）将商业模式演化划分成培育、自我完善和转型三个阶段。[②] 但令人遗憾的是，国外的商业模式文献还未能给出较为一般性、较为清晰地描述商业模式演化的轨迹和规律。所以，李永发等（2017）基于多时空视角，完整分析商业模式从主观意识形成到客观物质形成的全过程。[③] 多时空视角研究商业模式演化的意义在于：（1）能更好地揭示利用商业机会的一个创意如何发展成商业模式的轨迹和机理；（2）更加突出试错学习的重要性，包括重视一个商业模式为适应新的市场变化如何做出必要的调整，以及为了可持续性发展，一个企业如何从一个商业模式转向另一个商业模式过程中的实践驱动发现逻辑；（3）更易于洞察技术型企业、在位企业商业模式的创新障碍；（4）更直接地感知到情境、场景因素在商业模式创新与功能发挥上的作用；（5）有助于澄清长期以来"商业模式"一词一直被曲解和滥用的现象产生的原因。

一、商业模式的空间与相态

多兹和科索宁（Doz and Kosonen，2010）认为商业模式的定义有客观和主观之分。[④] 客观的商业模式是公司和顾客、供应商、互补者、伙伴和其他利益相关者，还有公司内部单元与部门间的相互依赖的业务关系和结构的集合。而主观的商业模式代表着一种认知

---

① 项国鹏、罗兴武：《价值创造视角下浙商龙头企业商业模式演化机制——基于浙江物产的案例研究》，载于《商业经济与管理》，2015 年第 1 期。

② 李长云、邓娟：《战略性新兴企业商业模式演化机理研究——基于新技术驱动力视角》，载于《科技进步与对策》，2015 年第 16 期。

③ 李永发、徐天舒、李东：《商业模式多空间演化轨迹研究》，载于《东南大学学报：哲学社会科学版》，2017 年第 2 期。

④ Doz Y. L., Kosonen M., "Embedding Strategic Agility: A Leadership Agenda for Accelerating Business Model Renewal", *Long Range Planning*, No. 2, 2010.

结构，描述企业怎样设置边界、如何创造价值、如何设计内部结构和如何治理的信念和理论。通过深度阅读前述各种商业模式理论门派的文献，发现研究者基于三种不同的空间视域来研究商业模式：（1）现实空间，商业模式被视为一种实体（Entity），其活动跨越企业边界，创造顾客价值和获取价值；（2）过渡空间，商业模式被视为一种表达（Representation），是特定商业现实或商业猜想的模型道具，成为一种组织知识的载体和创造场所；（3）思维空间，商业模式被视为一种猜想（Conjecture），是决策者、设计者、执行者关于如何利用特定商业机会的理解或思维图像，存在着难以被外人捕捉的部分。因此，商业模式猜想是指看不见的思维画面，商业模式实体是指现实的商业功能架构，而商业模式表达是商业模式猜想和商业模式实体的反映，本质上可以与特定的商业情境分离。如图 3 - 8 所示，三种商业模式的研究视域及其存在相态，在第 i 时刻所对应的商业模式依次用 EBM_i、RBM_i 和 CBM_i 表示商业模式实体、商业模式表达和商业模式猜想，其中 $i = 1, 2, \cdots, n$。后文将会细致解释这三个空间及商业模式相态。

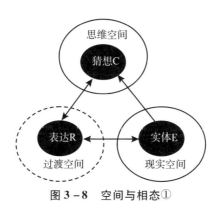

图 3 - 8　空间与相态①

___

① 李永发、徐天舒、李东：《商业模式多空间演化轨迹研究》，载于《东南大学学报：哲学社会科学版》，2017 年第 2 期。

奇虎360科技有限公司（以下简称360公司）与北京瑞星信息技术有限公司（简称瑞星）之争是一个广为熟知的故事，也是一个安全软件免费新模式成型的案例，但这个案例在商业模式成型与动态测评方面的研究价值鲜有挖掘。2005年360公司成立，2009年10月20日发布免费正式版360杀毒软件，至此360公司安全软件商业模式各个组件功能健全，相互匹配，形成一个闭合的盈利逻辑，标志着奇虎360免费安全软件商业模式成型。瑞星是中国一家老牌杀毒软件商，2001~2009年雄踞中国杀毒软件市场占有率第一位，2010年让位于360公司，而到2011年3月18日，瑞星最终放弃传统杀毒软件收费模式，无奈地效仿360公司的商业模式。研究商业模式的多时空演化，包括两个子问题：一是商业模式在空间上的表现形式和存在状态；二是在时间上，商业模式不同空间相态所连接的轨迹。商业模式演化研究必然会基于一个时间点到另外一个时间点的视角分析一个特定企业商业模式相态变化及其原因、机制，所以选择案例进行分析是正确的处理方式，而案例企业的选择需要考虑两点：（1）企业主营业务单一、边界清楚，商业模式的阶段特征易于被识别和捕捉；（2）成型后的模式应广为知晓、代表性强，便于不同背景的人们相互讨论与沟通。因而，360公司为什么以及怎样选择"互联网安全软件免费＋增值服务"商业模式的演化路径是一个比较合适的案例。360安全软件问世之前的十多年间，瑞星、金山和江民等传统杀毒软件提供商，采用销售软件的商业模式，如销售杀毒软件光盘、销售软件激活码，只为付费用户提供服务。360公司基于对网民安全问题的认识更新，一步一步设计和执行解决方案，从高管猜想到模型表达，再到最终成型的实体，完成了对传统杀毒软件商业模式的颠覆。

1. 现实空间：商业模式被视为一种现实商业世界中的实体

在这种视域下，商业模式等同于商业的特定架构，是创造价值和捕获价值的客观真实实体。与交易成本理论、资源基础理论、网络理论和创新理论等相比较，阿米特和佐特（2001）发现只有商业模式理论才能完整、系统地揭示增进价值创造的因素，即价值驱动器或者价值源泉，其中，价值是指给定商业中所有交易的参与者所占有的全部价值，即促成所有交易的商业模式各参与方所占有的价值总和。[①] 其中，价值驱动器被归纳成四个：（1）效率，与交易成本理论有关，如果商业模式组件结构使得单位交易成本下降，那么这种结构是更加有效率的；（2）互补性，与资源基础观有关，当不同元素组合所产生的价值大于每个元素分别产生的价值总和，即说明这些元素之间存在互补性；（3）锁定，与网络外部性理论有关，当商业模式各个元素组合在一起能够提升顾客重复交易程度与合作伙伴联合程度时，表明这些元素之间存在相互锁定效应；（4）新奇性，与熊彼特创新理论有关，表明用新的方式做商业，即创造新的交易结构，即意味着商业模式具有新奇性。当前经济管理领域的其他理论无法完整地分析上述四个价值创造的起源，而只有商业模式，作为商业价值创造的一个分析单元，能够全新理解一个新商业如何创造新的财富。切萨布鲁夫和罗森布鲁姆（2002）认为商业模式是一个居间构造，其输入要素是具有某种特征和潜力的技术，输出要素是经济价值，商业模式则是将技术要素转化成经

[①]　Amit R., Zott C., "Value Creation in E – business", *Strategic Management Journal*, No. 6 – 7, 2001.

济价值的中介。① 商业模式反映一个企业的运营和输出系统，并因此定义了企业获取和创造价值的方式。② 商业模式所产生的顾客价值，一般是指一个经济概念，主要不是由商业模式提供物的物理性能属性所决定，而是由买者愿意为产品和服务所支付的钱款数额所决定。

如图 3-9 所示，作为一种现实实体，商业模式是面向顾客需要的一个功能性结构，连接输入端、输出端和调节端。输入端描述各种不同产权属性的生产要素，如某种特定生产技术、地域资源；输出端描述各利益相关者获取一定比例和数额的价值；调节端表示影响商业模式输入和输出的因素，如商业环境。新的创新、竞争者或规制的产生，促使市场变化，从而影响任何特定商业的生命周期。商业模式是特定商业逻辑的一种标签，除了需要理解其输入端、输出端和调节端的元素，关键点还在于商业模式内部结构配置。当然，商业模式结构组件的规范仍未达成共识，如阿米特和佐特（2001）认为商业模式包括交易内容设计、交易结构设计和交易治理设计三个组件，③ 而与此描述完全不同，卡萨德苏斯和里查德（2010）认为商业模式由选择及其后果构成。④ 其中，选择的类型包括政策选择、资产选择、治理选择；选择的结果被区分成灵活的后果或僵硬的后果。因为每一个组织都需要做出一些选择，同

---

① Chesbrough H., Rosenbloom R. S., "The Role of the Business Model in Capturing Value from Innovation: Evidence from Xerox Corporation's Technology Spin-off Companies", *Industrial and Corporate Change*, No. 3, 2002.

② Wirtz B. W., Lihotzky N., "Customer Retention Management in the B2C Electronic Business", *Long Range Planning*, No. 6, 2003.

③ Amit R., Zott C., "Value Creation in E-business", *Strategic Management Journal*, No. 6-7, 2001.

④ Casadesus-Masanell R., Ricart J. E., "From Strategy to Business Models and onto Tactics", *Long Range Planning*, No. 2, 2010.

时，这些选择会产生后果，所以，商业模式存在于任何组织，并且是一个客观的、真实的实体。

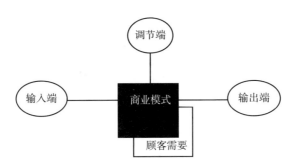

图3-9　作为现实实体的商业模式①

2. 过渡空间：商业模式被视为一种人为表达

作为一种模式，商业模式是对特定商业逻辑或架构的概括、描述。"A企业在X空间中首创的商业模式，可以被B企业在Y空间所采用，"② 这句话至少可以解读出来三个模式：A企业的现实模式、B企业所表达的A企业模式和B企业的现实模式。这三个模式是存在差异的。B企业所表达的A企业模式引导B企业商业实践，这就是过渡空间中的一种商业模式相态。巴登－富勒和摩根（2010）专门研究了作为模式的商业模式，指出商业模式扮演着多种形式的模式，重点聚焦了三大功能：（1）描述与分类商业的工具，如比例模式（Scale models）是事物的复制品，即对现存事物的代表或简短的描述；角色模式（Role models）是将要复制的模式，即令人羡慕的理想案例。（2）作为科学调研的场地，类似于

①　李永发、徐天舒、李东：《商业模式多空间演化轨迹研究》，载于《东南大学学报：哲学社会科学版》，2017年第2期。

②　Teece D. J.，"Business Models，Business Strategy and Innovation"，*Long Range Planning*，No. 2，2010.

生物学上的模式生物（Model organisms）和经济学上的数学模型，承担中介者角色，促进使用者理解其在一个实践背景下如何工作；（3）作为一个实用的技术模式，类似于食谱，不仅可用于复制，而且对于创造性管理者还可以进行开放式改变和创新。① 作为一种模式，巴登－富勒和曼奇马丁（2015）进一步认为商业模式具有多种外观，可用于多种目的，如作为一个可以操作的装置有助于管理者和学者更清晰地理解价值创造和价值捕获之间的连接；也可当作一种人工制品，有助于向其他人传递、解释有关一个商业及其状态的知识。②

如何从创业、战略或经济领域简明描述一个已确定的市场上的商业模式，需要一定的技术手段，当前文献已经提出非常多的分析框架。例如，德埃米尔和勒科克（2010）将商业模式解构成三大组件：（1）资源与能力组件，其中，商业模式中的资源或许来自外部市场，亦可以由内部开发，而能力指个别层面或集体层面的管理者所开发的知识和技能水平，旨在改善、重组或改变现有条件下资源所能提供的服务；（2）组织结构组件，描述组织的活动以及为了联合、利用外在资源而与其他组织建立的关系，即价值链的活动和价值网络；（3）价值主张组件，描述公司以何种产品和服务的形式传递给终端用户、供应商、互补者、竞争者和赞助商等顾客的何种价值主张。③ 莫里斯等（Morris et al.，2005）提出商业模式

① Baden – Fuller C., Morgan M. S., "Business Models as Models", *Long Range Planning*, No. 2, 2010.

② Baden – Fuller C., Mangematin V., "Introduction: Business Models and Modelling Business Models", *Advances in Strategic Management*, No. 33, 2015.

③ Demil B., Lecocq X., "Business Model Evolution: in Search of Dynamic Consistency", *Long Range Planning*, No. 2, 2010.

3×6 矩阵表达框架，[①] 包括三个具体的决策层面：（1）基础层，定义基本的组件，澄清这个商业是什么和不是什么；（2）专有层，商业模式成为一个定制化工具，促成一个独特决策变量组合的开发；（3）规则层，描述治理执行基础层和专有层所做出的决策的指导原则，并且每一个层次需做六个方面的决策。基础层是一般属性，而专有层具有战略属性。基础层相当容易被竞争者复制，而专有层商业模式不易模仿。一旦商业模式被执行，其执行效果就受到规则层所定义的一个基本的操作规则集合的作用。这就不难理解，为什么针对两个特定企业，有人认为是模式相同，有人认为模式不同，或许是因为前者是从基础层考虑，而后者融入了专属层和规则层。

（3）思维空间：商业模式被视为一种认知猜想。商业模式的现实成型、商业逻辑的模式表达，都离不开商业决策者、设计者和执行者对于特定商业逻辑的认知图像。玛格丽塔（2002）认为一个好的商业模式始于对商业机会的洞察和假设，然后商业建模、行动测试，并在需要时进行调整，最终获得丰富的利润流。[②] 管理者认知和商业模式创新存在重要关联，生成认知的系统过程将导致商业模式创新的发生，并且不同的管理者解释驱动商业模式变异多样化；[③] 有必要将管理者分析技能和直觉技能联合起来服务于企业的

[①] Morris M., Schindehutte M., Allen J., "The Entrepreneur's Business Model：Toward a Unified Perspective", *Journal of Business Research*, No. 6, 2005.

[②] Magretta J., "Why Business Models Matter", *Harvard Business Review*, No. 5, 2002.

[③] Martins L. L., Rindova V. P., Greenbaum B. E., "Unlocking the Hidden Value of Concepts：A Cognitive Approach to Business Model Innovation", *Strategic Entrepreneurship Journal*, No. 1, 2015.

机会识别和意义建构。① 因此，商业模式设计层面需要关注决策者、设计者的猜想，而在商业模式执行层面需要关注各个行为者对商业模式的理解程度。面对快速变化的市场所展示出来的不确定性和不可预测性，商业模式更多的是一个实验性假设、一个进入市场的初步探索，而不是一个完全详尽的、清晰的计划或行动。② 创业者凭借直觉或许感知到一个新模式，但很难有合理化和清晰化的表达。③ 发现合适商业模式的启发逻辑，即完成商业机会的意义建构任务，老牌企业受制于已建成的组织主导逻辑，而初创企业将获得更多激励和更少限制去评估备选的商业模式。不管是老牌企业还是初创企业，设计、选择和执行一个新商业模式，一个重要的约束条件就是企业高管业已形成的心智模式或者有限理性。商业模式猜想的形成是一个交互式过程，包括调和创业者对潜在机会的稳健愿景与响应后续潜力的顾客和资金源的适应能力，类推思维与逻辑思维是两种可行的思维方式。④ 在执行环节，商业模式是各个利益相关伙伴企业及其内部员工沟通和激励的一个基础，好模式能够成为改善员工执行力的强大武器。⑤

① Spieth P., Schneckenberg D., Ricart J. E., "Business Model Innovation-state of the Art and Future Challenges for the Field", *R&D Management*, No. 3, 2014.

② Chesbrough H., Rosenbloom R. S., "The Role of the Business Model in Capturing Value from Innovation: Evidence from Xerox Corporation's Technology Spin-off Companies", *Industrial and Corporate Change*, No. 3, 2002.

③ Teece D. J., "Business Models, Business Strategy and Innovation", *Long Range Planning*, No. 2, 2010.

④ Rumble R., Mangematin V., "Business Model Implementation: The Antecedents of Multi-sidedness", *Business Models and Modelling*, No. 33, 2015.

⑤ Magretta J., "Why Business Models Matter", *Harvard Business Review*, No. 5, 2002.

二、演化过程

商业模式创新难以获得成功的重要原因在于缺乏对于商业模式成型路径的理解。一个新商业构想向一个新商业模式演化，在理论上存在无穷种演化结果。作为中介调节变量，商业模式调节输入变量（如技术、风险投资），影响输出变量（如企业利润、市值、用户数等）。不难想象，商业模式形成的初始点是企业家或决策者对人的动机洞察后所悟出的商业思想，而当形成丰富的利润流时，表明理想的商业模式已经成型。类似于生物受精卵到成体之间需要经历一个过程，一个商业模式，从商业思想到模式成型，同样需要完成若干状态的蜕变。也如精子与卵子的成功结合，企业获取一个新商业思想，偶然性与意外性发挥着重要作用。商业模式成型过程中由于受到外在环境与内在因素的影响，成型结果或许难以达成企业期望，或许是彻底性背离（如图 3－10 所示）。从一个创新性商业思想到成熟的商业模式在理论上存在无穷种演化状态（如图 3－10 中的六种状态），在一段时间内，结果可能是一个成功的商业模式（如模式 A），一个平庸的商业模式（如模式 B），一个糟糕的商业模式（如模式 C 与模式 D），一个中途夭折的商业模式，或许还可能处在探索中。

商业模式成型需要一个过程，需要一段时间。赢得一个新商业模式，人是其中极其重要的变量。[①] 从企业家脑海中产生或涌现出的一个商业模式的初始想法，到若干次实验修改商业想法，然后形成蓝图模式运用于实践，最后在实践中发展或终止，商业模式演化

---

① McGrath R. G. , "Business Models: A Discovery Driven Approach", *Long Range Planning*, No. 2－3, 2010.

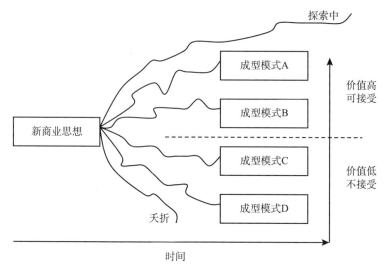

图 3 - 10　可能的成型轨迹①

全程受到企业家个人的认知和行动影响。② 在一个特定时间跨度内，企业外部性和环境偶然性影响商业模式创造、发展和复制，而且商业模式的初始概念经常强烈地受到企业家过去教育和实践经验的影响。③ 当外在环境发生变化，或出现一个新商业模式将改变行业和市场的迹象，或是既有商业模式组件内部或是组件之间形成恶性循环并迫使原先良性耦合的系统难以维持，此时为了恢复性能而增量修改商业模式材质或组件均不足以扭转颓势，那么企业可能就需要彻底地改变商业模式。商业模式进化可视为一种调谐过程，只有当选择商业模式的核心组件使得不同组件内部和外部相互匹配并

---

① 李永发、李东:《新商业模式成型过程与动态测评》，载于《科技进步与对策》，2015 年第 12 期。

② Cavalcante S. , Kesting P. , "Business Model Dynamics and Innovation: (Re) establishing the Missing Linkages", *Management Decision*, No. 8, 2011.

③ Sosna M. , Trevinyo - Rodríguez R. N. , Velamuri S. R. , "Business Model Innovation through Trial-and - Error Learning: The Naturhouse Case", *Long Range Planning*, No. 2 - 3, 2010.

产生可持续性绩效时，商业模式才具备了动态一致性。[①] 不难看出，商业模式成型是一个复杂过程，但为了简化分析，将商业模式成型分成四个阶段：酝酿阶段、实验学习阶段、培育阶段与复制创新阶段（如图 3 - 11 所示）。

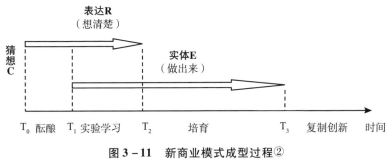

图 3 - 11　新商业模式成型过程[②]

以 360 公司为例，其商业模式成型过程主要分成四个阶段。（1）酝酿阶段（2005 ~ 2006 年）。360 公司创始人周鸿祎在 20 世纪 90 年代初读研究生期间制作、销售反病毒卡，对用户和用户思维有了初步认识。1998 年，周鸿祎创建 3721 公司，提供中文上网服务，因其顾客端软件开创了强制用户安装的行为，后来被其他企业学习与推广，因而，周鸿祎被冠以"流氓软件之父"。[③] 2005 年，周鸿祎预感到互联网安全需求巨大，并猜想如同电子邮箱一样，安全是互联网一项基本服务。不过，2006 年 360 公司的主营业务是社区搜索，依靠销售关键字广告与社区网站分成获取收入。

---

①　Demil B., Lecocq X., "Business Model Evolution: In Search of Dynamic Consistency", *Long Range Planning*, No. 2 - 3, 2010.

②　李永发、李东：《新商业模式成型过程与动态测评》，载于《科技进步与对策》，2015 年第 12 期。

③　郭涛涛：《周鸿祎：流氓软件之父华丽转身》，载于《新世纪周刊》，2007 年第 1 期；李轻侯：《周鸿祎步步为营》，载于《互联网周刊》，2011 年第 23 期。

（2）试验学习阶段（2006~2007年）。2006年，360公司迈开解决互联网安全问题的第一步。360公司发现流氓软件的危害性很大，查杀流氓软件对日益增长的网民非常有价值。当然360公司也没把其主要力量放在360安全卫士上，只是投入非常有限的资源进行探索性试验。最初的360杀毒软件功能非常简单，只是卸除掉网民不喜欢的软件，根本不具备杀毒的功能，若收费，估计也没人买，产品市场前景没人清楚。因此，360公司在2006年6月将没有软件界面和企业标识的"360安全卫士"上传到互联网上任由网民传播，想看看网民反应，结果得到不少网民的认可。2006年7月27日，正式版360安全卫士发布，并且360公司与俄罗斯杀毒厂商卡巴斯基合作，只要用户安装360安全卫士，可以获得半年免费的正版卡巴斯基的使用权限。两者各有所图，卡巴斯基要的是营销效果，360公司为卡巴斯基发展新用户提取佣金，找到一个暂时的收入来源。但此时，360公司对外宣称自己不会进入杀毒软件领域。360安全卫士产品主界面上放置了一些文字广告，以增加收入。从360安全卫士研发到发布，360公司还并没有找到合适的商业模式。免费360安全卫士获得深受恶意软件之害的网民喜爱，装机量不断激增，360公司才逐渐认识到即时通信领域成长起来的腾讯模式或是正迈入安全领域的360公司的范本，即蓝图模式。腾讯QQ聊天多数人使用的、完全免费的业务，QQ秀增值服务（一个出售虚拟形象业务）一年就有几亿元的收入，更何况QQ秀仅是腾讯几十个增值服务中一种，360公司隐约感觉到一个成功的互联网模式的前提就是需要一个巨大用户基数的支撑，不管企业后续怎么发展，先把用户基础做大，这就成功了一半。有了巨大用户基础再尝试探索独特的增值业务，腾讯模式或许就是360公司追求的模式。腾讯QQ、网易免费邮箱和阿里巴巴胜出的案例启发了360公司，更加坚信360公司免费提供互联网基本服务的信念。2007年10月超越瑞星杀毒软件，360 安全卫士国内用户量上升至第一。（3）培育阶段（2007～2009 年）。随着 360 安全卫士的崛起，360 公司已经意识到踏进了信息安全市场，并着手尝试开发杀毒软件，将顾客信息安全问题转化成四大需求：反流氓软件、反木马、主动防御木马病毒和杀毒。在传统意识内，杀毒作业是顾客工作的核心，但老牌的杀毒软件提供商在杀毒领域有很强的竞争力，作为新创企业，360 公司从在位者（如瑞星与金山）薄弱之处入手，并不断改变人们对于信息安全的理解。2008 年 3 月，360 安全卫士启用新域名 www. 360. cn，从一个安全产品变成一个安全平台，开始着手全面进入信息安全领域。360 公司觉得当时木马的威胁远远超于病毒，并且传统杀毒技术不容易清除木马，因而杀毒软件在安全链条中的重要性在弱化。但传统的杀毒软件仍在收费，反木马能力更胜一筹的 360 安全卫士是免费的，360 公司认为当前安全软件商业模式一定存在问题，感知到巨大的市场机会。360 安全卫士可以查杀木马病毒，但还不能从源头上解决网页挂马问题，即设计一个安全的浏览器。360 公司原想做成一个称为"360 网盾"的插件嵌入到当时占市场份额 90% 的 IE 浏览器中，结果技术、易用性都不遂愿，于是自己设计了 360 安全浏览器。类似于 360 安全卫士的初期开发，先期资源投入非常小，而且为了弥补技术上的不足，360 公司选择与世界之窗公司合作。2008 年 5 月，360 公司推出 360 安全浏览器，经过若干版本公测后，9 月发布正式版，有效的防护木马病毒。经过多种方式不遗余力地推广，360 安全浏览器快速打开市场。360 浏览器内嵌的 360 安全导航网址（hao. 360. cn）为用户提供便捷进入浏览内容的入口，从而可将网站流量转化成现金收益。360 安全浏览器成为创收的重要基石，360 公司的盈利模式趋于明晰。因此，360 公司需要持续为 360 安全浏览器创造巨大流量，360 安全卫士为 360 安全浏览器的安全性做了一个重要的背书，但是这还不够，杀毒软件是互联网安全领域的一个标志性产品，若做不了杀毒软件，360公司在安全领域无法真正立足，也或许会失败。2008年7月17日，360公司与安天、比特凡德（BitDefender，杀毒软件）合作推出免费360杀毒服务。不过这款软件的产品功能不足，质量不高，用户不愿使用。因此，周鸿祎动用400人研发团队，引入比特凡德杀毒引擎，决心提升360杀毒软件质量。2009年10月20日，360公司卷土重来，推出360杀毒软件1.0正式版。此时，360公司商业模式核心组成要素均已功能完备，形成匹配耦合性关系，创造价值与获取价值的核心活动可重复、可复制，这表明360公司商业模式已经成型。（4）复制创新阶段（2009~2011年）。2009年9月，360公司推出360手机安全卫士，将商业模式复制到移动互联网领域。根据据艾瑞咨询公司《中国个人网络安全研究报告（2010~2011年)》，2007~2010年360公司与瑞星截获恶意文件样本比值分别是：0.545、2.26、4.34和87.77，表明360杀毒软件品质好，另外加上永久免费承诺，其用户黏性完全爆发。据中国互联网络信息中心和艾瑞咨询公司的报告，2008瑞星杀毒软件市场份额超过40%，至少是360杀毒的5倍，而到2010年10月360杀毒月度覆盖人数达到2.19亿人，而瑞星杀毒只有0.51亿人，360杀毒市场份额是瑞星杀毒的4倍多。2011年3月30日，360公司在纽约证券交易所成功上市，收报价34美元，较发行价大涨134.48%，首日市值达39.57亿美元。360公司商业模式获得市场的认可。

总之，酝酿阶段与实验学习阶段的任务是想清楚一个合适的商业模式，设计出商业模式蓝图。实验学习阶段与培育阶段的任务是将商业模式做出来，结果就是成型的商业模式。前述已经分析，商业模式成型的结果存在不确定性，或许不一定成功。而复制创新阶段就是将实践检验的满意的商业模式规模化、量化，并进行适应性调整、改变。严格来讲，复制创新阶段是商业模式成型后阶段，但从中可以观察到商业模式质量与效应，所以也应该纳入考虑范畴。商业构想一般是关于做商业的主导逻辑，即顾客有什么未满足需要，以及如何从满足需要中挣钱。识别顾客未满足需要，也就是识别顾客需要解决的重要问题。[1] 蓝图模式设计指满足顾客需要或者解决顾客工作的一个可持续盈利的猜想模式。现实模式成型指对真实商业世界中运营的商业模式描述，其成型意味着核心可重复标准活动系统的形成。

根据前述，更为完整的商业模式演化沿着三条轨道交互进行：商业模式猜想、商业模式表达和商业模式实体。图 3 – 12 中 CBM_i 表示第 i 时刻商业模式猜想，RBM_i 表示第 i 时刻商业模式表达，EBM_i 表示第 i 时刻商业模式现实实体，$i = 1, 2, \cdots, n$。基于一个给定的时点，商业模式就是一个特定商业的各个组件或部分以及其关系的快照，但是，商业模式不只是一幅动态画面，而是持续不断地进行变化，[2] 如莫里斯等（2005）认为一个给定商业模式的生命周期包括明确、精炼、适应、修正和再造等阶段。[3]

关于商业模式不同的演化空间，学者已经有过探索。多兹和科索宁（2010）认为商业模式的定义有客观和主观之分，[4] 其中，客观的商业模式是公司和顾客、供应商、互补者、伙伴及其他利益相关者，还有公司内部单元和部门间的相互依赖的业务关系和结构的

---

① Eyring M. J., Johnson M. W., Nair H., "New Business Models in Emerging Markets", *Harvard Business Review*, No. 1 – 2, 2011.

② Demil B., Lecocq X., "Business Model Evolution: In Search of Dynamic Consistency", *Long Range Planning*, No. 2, 2010.

③ Morris M., Schindehutte M., Allen J., "The Entrepreneur's Business Model: Toward a Unified Perspective", *Journal of Business Research*, No. 6, 2005.

④ Doz Y. L., Kosonen M., "Embedding Strategic Agility: A Leadership Agenda for Accelerating Business Model Renewal", *Long Range Planning*, No. 2, 2010.

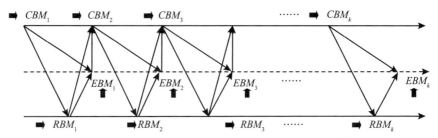

图 3 - 12　完整的商业模式演化模型：CRE 模型①

注：粗黑箭头，表示外生因素的存在。

集合；而主观的商业模式代表着一种认知结构，描述企业怎样设置
边界、如何创造价值、如何设计内部结构和如何治理的信念和理
论。德埃米尔和勒科克（2010）从两个方面认识商业模式，一是将
商业模式视为一个通用的表达，有助于分析一个特定组织的架构和
功能；二是将商业模式视为组织运营方式，以确保组织的可持续
性。② 与此类似，阿斯帕拉等（Aspara et al. , 2011）将商业模式
概念分为两个方面：③ 一是作为与企业相关的物质结构和过程的组合
体，存在于客观的世界，包括战略与结构的有形元素、市场与商业网
络、运营与资源，以及财务与会计系统等；二是作为无形的、认知意
义结构，存在于组织不同层次人们的思想中，包括行业食谱、声誉排
名、边界信念和产品本体论。弗兰肯贝格尔等（Frankenberger et al. ,
2013）采用四个中心维度描述商业模式：④ （1）谁（Who），回答

---

① 李永发、徐天舒、李东：《商业模式多空间演化轨迹研究》，载于《东南大学学
报：哲学社会科学版》，2017 年第 2 期。

② Demil B. , Lecocq X. , "Business Model Evolution：In Search of Dynamic Consisten-
cy", *Long Range Planning*, No. 2, 2010.

③ Aspara J. , Lamberg J. A. , et al. , "Strategic Management of Business Model Trans-
formation：Lessons from Nokia", *Management Decision*, No. 4, 2011.

④ Frankenberger K. , Weiblen T. , et al. , "The 4I-framework of Business Model Innova-
tion：A Structured View on Process Phases and Challenges", *International Journal of Product De-
velopment*, No. 3 - 4, 2013.

"谁是客户"的问题；（2）什么（What），回答"客户所看重的是什么"的问题；（3）如何（How），回答"为创造和传递价值所需要的过程、活动以及相关资源安排"的问题；（4）为什么（Why）：回答"为什么这个商业模式在财务上可行"的问题。并在此基础上，提出 4I 框架用以描述商业模式创新过程的整体结构，包括四个阶段：（1）启动（Initiation），需要对参与者需求的理解，识别变更驱动因素；（2）构思（Ideation），为潜在的新商业模式提供创意，即将在启动阶段的机会转化为新的商业模式的具体构想；（3）整合（Integration），基于在构思阶段确定的有前途的想法开发新的商业模式，透视商业模式的四个维度（谁，什么，如何，为什么）；（4）实施（Implementation），是商业模式创新的关键时刻，通常涉及巨额投资和企业的重点风险。

与现有文献描述不同，CRE 演化模型增加了一个过渡空间，更完整地解释商业模式演化机制：（1）思维空间中商业模式猜想是商业模式变化的起点，触发猜想除了行为者自身的经验、知识外，还有外在刺激；（2）过渡空间中商业模式表达，是商业模式猜想和现实实体的反映，同时其表达的效果与技术手段、环境有关；（3）现实空间的商业模式实体，受商业模式猜想和表达的影响，同时其实际效果还与投入、背景因素有关；（4）猜想、表达、实体三个变量，存在外生影响因素，如市场环境、政策环境等；（5）猜想、表达、实体是动态变化的。聚焦至案例企业，360 公司从 2006 年开始进入互联网安全领域，以颠覆性的新游戏规则挑战传统的杀毒软件商，直到 2009 年实现商业模式各要素良性匹配、循环，这期间是一个复杂的、动态过程。2011 年，360 公司上市和传统杀毒软件提供商瑞星的被动转型，则表明了 2006～2009 年 360 公司探索新商业模式的实际意义。基于 CRE 模型，2006～2009 年 360 公司的商业模式演化轨迹有五个方面特点：（1）猜想链。360公司创始人周鸿祎对安全软件和商业模式的思考，可以延伸至其读研期间，2005年则将互联网安全商业模式与电子邮箱商业模式进行关联，并将用户互联网安全需要拆解成不同的"痛点"，从流氓软件、木马，再到网页保护，最终全方位的病毒防御与杀毒，形成一个思考的链条。知识是商业模式创新的重要因素，新知识获取存在两种路径：外部搜索和内部创造。[①]（2）表达链。用什么样的模型表达牵引不同利益相关者的思想和行动，2005年周鸿祎提出了免费商业模式概念，但是时间选择必须依赖于客观的企业和环境实际。2006～2008年，360公司的商业模式表达不同于杀毒软件的盒装销售模式，而是捆绑补贴模式，即将免费的360安全卫士和一定价格让渡的代销杀毒软件捆绑提供给用户。2009年，360公司做成类似于以广告和增值服务为收入来源的腾讯模式，为用户提供免费的杀毒服务。（3）实体链。2006年，360公司提供360安全卫士，解决用户被流氓软件和木马侵扰的痛点，不过该产品没有产生收入；随后，通过360安全卫士建立的安全品牌力，代理销售一个国外品牌杀毒软件，获得分成；直到2009年，360公司推出360安全浏览器产品，解决用户网页浏览安全痛点，同时衍生出一系列的盈利点，如广告、游戏等增值服务，使得360公司安全产品生态有了持续的活力和业务扩展的能力。2011年，360公司挂牌上市，意味着作为客观实体的360公司免费安全商业模式获得市场的认同。（4）作用机制。猜想链、表达链和实体链上各个节点元素之间相互作用，不仅表现在前一个节点对所属链上的后续节点有着影响，同时对其他链上的节点也起着作用。实体链上某一段时间，商业模式的各个要素完整且实现良性循环，即表示

---

① 吴增源、易荣华等：《新创企业如何进行商业模式创新？——基于内外部新知识的视角》，载于《中国软科学》，2018年第3期。

一个可行的商业模式成型。2009 年，360 网页浏览器和 360 杀毒 1.0 版的正式发布，360 公司完成顾客价值主张、价值创造与传递系统、盈利模式三个组件的良性耦合匹配，即意味着一个用户免费使用的杀毒软件新模式成型。（5）前因。除了猜想链、表达链和实体链上各个节点元素相互连接，还存在一些外生因素影响特定商业模式的演化过程，如高管个人的学习经历、工作经历和朋友圈，政策规制、技术进步、自然灾害、市场变化、竞争变化等。

第四节　基于场景的商业模式创新

基于过程和结果两个聚焦点，商业模式创新理论可被分成流派：[①] 创新过程流派聚焦于商业模式逐步演化的过程，而创新结果流派聚焦于新商业模式的创新范围、新颖性。理解顾客待办工作（Job-to-be-done，JTBD），进而识别顾客想要"雇用"什么样的产品来解决问题，这是创新商业模式的正确起点。顾客待办工作是指在一个特定情景下，顾客有待解决的基础性问题。[②]"基础性问题"意味着：（1）此类问题若未能获得很好的解决，顾客会感到麻烦、困扰或者痛楚，随之产生"雇用"产品与服务的需要；（2）对于问题的解决，顾客有着特定目标，包括经济、功能、社会、情感方面的规格要求，而且目标期望随着情景的变化而变化。人们寻求解决待办工作，不会囿于产品与服务的目录，而只是以解决待办工作

① 罗兴武、刘洋等：《中国转型经济情境下的商业模式创新：主题设计与量表开发》，载于《外国经济与管理》，2018 年第 1 期。

② Christensen C. M.，Anthony S. D.，et al.，"Finding the Right Job for Your Product"，*MIT Sloan Management Review*，No. 3，2007.

为标准去寻找方案，雇用满意的产品或服务。[①] 因此，现实生活中，产品与服务即使非常丰富，人们依然会存在各种各样的麻烦。待办工作，不是产品与服务，也不是顾客，应该成为市场分析和市场细分的基本单元。[②] 商业模式描述特定商业单元的价值创造和价值获取的活动架构或式样。有效的商业模式是任何企业创造市场绩效的核心使能器，但怎样实现商业模式创新的问题在很大程度上仍然被忽视。顾客待办工作是新商业模式生成的真实源端、线索和信号。因此，将焦点从产品与服务、顾客需要转移至顾客待办工作，探测顾客需要产生的真实根源，这在商业模式理论研究上是一次有益的尝试，同时，为商业模式实践者提供了颠覆性新思路。

一、场景

准确定位待办工作，需要澄清待办工作的情景，即描述待办工作所依赖的条件或环境。事实上，场景、情境或情景这三个概念在不同的研究领域，其边界容易被混淆，对应的英文表达也并非固定一致。在营销领域，王鹏和项凯标（2015）认为通过判断顾客在特定情景中的需要和痛点，构建新场景，能够创造新的营销机会。[③] 在认知科学领域，龚明亮等（2011）将场景定义为情景和目标对象的组合。[④] 依据龚明亮等（2011）的观点，若将待办工作作

[①] Bettencourt L. A., Ulwick A. W., "The Customer – Centered Innovation Map", *Harvard Business Review*, No. 5, 2008.

[②] Taran Y., Boer H., Lindgren P., "A Business Model Innovation Typology", *Decision Sciences*, No. 2, 2015.

[③] 王鹏、项凯标：《下一站争夺：场景》，载于《销售与市场（管理版）》，2015 年第 11 期。

[④] 龚明亮、禤宇明、傅小兰：《场景的一致性效应及其机制》，载于《生物化学与生物物理进展》，2011 年第 8 期。

为目标对象，那么待办工作本身与待办工作情景共同构成了待办工作场景。商业模式描述焦点企业与其伙伴共同执行的、相互依赖的活动系统以及活动彼此间的连接机制。其中，"活动"是指商业模式中任何参与方的人、事物和资本资源的介入，旨在实现一个具体目标。[①] 因此，商业模式创新是指设计新的商业活动或者新的连接方式，以便利用新的商业机会实现新的价值创造和获取。待办工作场景是商业模式的核心组件——顾客价值主张的最重要的元素。顾客价值主张定义一个商业模式帮助顾客完成的重要待办工作，包括三个元素：目标顾客、待办工作和提供物。[②] 好的顾客价值主张必然描述一个不能够很好被当前提供物解决的待办工作或者聚焦至一个新的待办工作，包括四个品质属性：高效、简单、可获得和买得起。阿米特和佐特（2015）提出了商业模式设计的四个前因：[③] 模板的使用、环境制约、利益相关者活动、价值创造与获取的目标，均与待办工作场景有关。新技术与技术进步、顾客偏好变化、新核心能力、竞争变化、规制变化等因素改变了待办工作场景，从而引发商业模式的持续创新。

二、创新链条

完整地理解待办工作场景包括五个方面：（1）待办工作场景的焦点是顾客有待解决且没有完全或没有很好解决的事；（2）待

---

① Zott C., Amit R., "Business Model Design: An Activity System Perspective", *Long Range Planning*, No. 2 - 3, 2010.

② Eyring M., Johnson M. W., Nair H., "New Business Models in Emerging Markets", *Harvard Business Review*, No. 1, 2011.

③ Amit R., Zott C., "Crafting Business Architecture: The Antecedents of Business Model Design", *Strategic Entrepreneurship Journal*, No. 4, 2015.

办工作内置于特定情景中，具有情景依赖性，情景影响待办工作的定义与属性；（3）后果效应，即未解决的或解决不好的待办工作会引致顾客麻烦、困扰；（4）待办工作场景可以解构和重构，这是场景创新的基础；（5）待办工作解决是一个过程。将待办工作分解成一系列离散的流程活动，构建一个完整的待办工作视图，进而能够发现顾客想要获得更多支持的活动节点，从而帮助焦点企业准确地为目标顾客提供更合适的产品与服务。因此，定义：待办工作 $= \{A_i\}$，待办工作情景 $= \{C_i\}$，待办工作场景 $= \{(A_i, C_i)\}$，$i = 1$，2，$\cdots$，n。其中，待办工作由 n 个活动连接而成，A_i 表示第 i 个活动，C_i 表示第 i 个活动所对应的情景（如图 3 − 13 所示）。待办工作引致顾客未满足的需要。[1] 每一种类型的待办工作都是由一组活动组成，顾客对其中每一项活动都有感知，若期望值大于现状值，该项活动就是一个"摩擦点"，[2] 诱发顾客不舒适感、麻烦或困扰。卓有成效的企业能够洞见待办工作中一系列活动摩擦点及其共同效应、找到人们对待办工作负面情绪的前因和后果，创造新的模式、新的业态。消除或减少待办工作的麻烦或摩擦点，需要新商业模式给予顾客两方面支持，即事项支持和情景支持。因而，商业模式创新需要定义待办工作，清晰描绘待办工作的活动地图，并且描述每一个活动对应的情景。识别顾客真实的待办工作，准确提供恰当的产品与服务，为商业模式创新提供值得做的理由，为其合法化寻找到最美丽的身份。同时，待办工作不是一个孤立的事物，它一定基于特定的情景，动态、准确定义待办工作情景是商业模式创新成功的前提。围绕待办工作场景创造新商业模式，是一个试错

---

① Eyring M., Johnson M. W., Nair H., "New Business Models in Emerging Markets", *Harvard Business Review*, No. 1, 2011.

② Slywotzky A., Weber K., *Demand：Creating what People Love before they Know they Want it*, Hachette UK, 2011.

学习、迭代创新的过程。根据图 3－13 的分析框架，基于场景的商业模式创新可分成五个步骤：识别待办工作、定义场景结构、明晰顾客障碍、避免创新陷阱和选择创新策略。

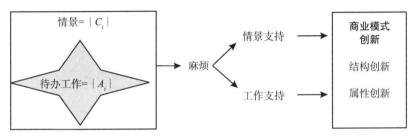

图 3－13　基于场景的商业模式创新链条①

1. 识别待办工作

从不同的视角，待办工作可划分成不同的类型。依据服务目标的不同，待办工作可以区分为生产型和消费型，生产型待办工作服务于组织，而消费型服务于家庭。依据问题解决程度的不同，待办工作可以区分为增量型和存量型，增量型待办工作指的是现实中还没有解决方案的问题，而存量型指的是现实中已有解决方案的问题。依据参与人数的不同，待办工作可以区分为独自型和合作型，独自型待办工作指的是由一个人可以独立完成的事，而合作型指的是多人共同完成的事。本质上，不管哪种类型的顾客待办工作，都是需要人力、资源、资金、情感等介入。依据事项完成对顾客的重要性程度和时间要求，待办工作可区分为重要且紧急的待办工作、重要但不紧急的待办工作、紧急但不重要的待办工作、不紧急且不重要的待办工作。识别待办工作类型的目的在于评估不同类型待办工作的规模和体量，从而有助于提高焦点企业设计和生产提供物的

---

① 李永发：《顾客待办事项与商业模式创新》，载于《管理现代化》，2017 年第 3 期。

决策效率和效果。

2. 定义场景结构

识别待办工作类型之后，紧接着需要定义待办工作场景，解构与重构待办工作和待办工作情景。待办工作中的每一个活动可以解构为四个部分（简称 ACLC 分析）：（1）行动者（Actor），即谁来完成活动，或称代理者（Agent）。待办工作中的部分活动是由顾客完成的，而另一部分活动则需要通过购买产品与服务获得解决。打扫卫生是一项频繁的待办工作，当前市场上的扫地机器人或许只能承担地面卫生的清扫活动，各种台面、柜顶卫生还需人工解决。（2）内容（Content），即投入要素，包括时间、精力、实物、资金或其他资源。（3）位置（Location），即给定活动在待办工作活动网络中的位点和连接关系，可以通过前置活动、后置活动与并行活动等描述给定的焦点活动边界。进餐馆就餐是一项待办工作，若将吃喝作为一个焦点活动，那么顾客选择哪家餐馆，不仅取决于菜品的体验，还受到排队进店、等候下单、等候上菜等前置活动的影响，另外或许存在并行活动，如观看演出的作用。（4）贡献（Contribution），即给定活动的完成对于整个待办工作完成的意义或重要性的度量。美国交响乐团对影响听众体验的 78 个因素进行测试，最终发现停车位是只听过一次演唱会而无再访的"尝试听众"最大的摩擦点。[1] 理解待办工作活动四要素，设计支持待办工作解决的最佳方案，成为商业模式创新的重要着力点。待办工作情景的定义需要考虑四个因素：（1）关联事项，即与焦点待办工作相关的其他事项。（2）备选方案，即解决待办工作的各种各样的当前方案

---

[1] Slywotzky A., Weber K., *Demand: Creating what People Love before they Know they Want it*, Hachette UK, 2011.

集以及潜在的方案集。顾客将基于待办工作的视角，从各个方案所产生的利益、付出的成本、可获得性、技能和时间要求等属性对各个备选方案做出评价。（3）顾客网络，即影响顾客雇用产品与服务决策的各种各样的个人或组织。（4）周遭环境，即影响顾客雇用产品与服务决策的政策、经济、社会和技术等因素所约束的环境。可见，通过刻画待办工作情景，能够洞察到待办工作及其解决方案的特征信息和边界，可以识别哪些顾客在给定待办工作中会遇到哪些真实的麻烦，从而捕获市场机会或者发现新市场机会。

3. 明晰顾客障碍

当一个新商业模式能够更好地解决当前待办工作时，顾客也有可能仍然拒绝新的、物美价廉的提供物，或者至少一段时间内不会雇用新的提供物。原因在于四个方面：（1）角色关联，即多个角色影响、参与雇用新提供物的决策，如提出雇用意愿的发起者、拥有最终定夺权并付款的决策者、作为待办工作直接当事方的使用者以及对提供物效能检测的评价者，往往这些角色的意见并非一致；（2）习惯效应，即已经习惯当前的解决方案，难以做出新的选择；（3）风险偏好，即新解决方案的效能存在不确定性和风险性，不愿冒风险的需方会坚持原有的方案；（4）待办工作互联，即顾客存在着各种各样的、相互联系的待办工作，新的解决方案解决了当前的待办工作，或者需要当前其他待办工作的支持匹配，或者产生新待办工作，而这必将会影响到顾客的雇用决策。

4. 避免创新陷阱

商业模式创新，一再强调的是应以顾客为中心，其落脚点就是待办工作。但是，现实商业世界中，企业面临着各种创新陷阱，使得创新进程难以一帆风顺，主要陷阱有：（1）聚焦标杆同行。观察、模仿和学习标杆企业及其产品与服务，不足以创造和发现新型待办工作，也难以获得新的解决方案。（2）固定情景假设。不仅待办工作是动态的，待办工作情景也是动态的，若依据待办工作情景不变的假设设计或持续提供解决方案，必然会走向产能过剩、难以转型的尴尬局面。（3）以产品定市场。待办工作所定义的市场一般会大于产品目录所定义的市场，若认为两个市场的规模等同，则不能从顾客的视角去很好地理解与谁竞争。[①]（4）产品功能迷思。设计待办工作的解决方案，不能仅仅思考产品功能因素，还需思考产品的社会和情感因素。（5）忽视潜藏因素。一些不可视部分的背景因素有时决定性地影响商业模式创新效果。

5. 选择创新策略

获得一个新商业模式构念，不是完全靠想象、灵感、意外发现和幸运，而是一个有序的过程，结构化框架方法能够提升创新能力。单一活动性能的改善是技术创新，如从钨丝灯转为节能灯、从传统的数字手机转为智能手机、从实体店转成网店，都离不开技术创新，但是，仅仅靠单一的技术创新，而缺乏一个好的商业化逻辑，无法通过商业模式实现利益相关者共赢，那么顾客将难以获得满意的待办工作解决方案。由于待办工作场景由待办工作和情景两个部分构成，那么面向待办工作场景的商业模式创新策略，可以非常自然地采用二维框架分析，如图3-14所示，包括三种类型：事项支持型创新、情景支持型创新和双重支持型创新。

---

① Christensen C. M., Anthony S. D., et al., "Finding the Right Job for Your Product", *MIT Sloan Management Review*, No. 3, 2007.

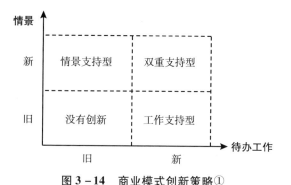

图 3 - 14　商业模式创新策略①

三、关键事项

商业模式创新可将待办工作场景作为一个分析单元，而且创新第一步就是将待办工作场景解构为待办工作及其所处的情景。待办工作中的活动可以重新定义和组合，也可与活动的完成者分离，正如电影剧本中的同一个人物可以由不同的演员出演，呈现不同的电影版本。一旦待办工作的各项活动被识别出来，企业就能够以多种方式创造顾客价值。顾客需要是非常主观性的概念，缺乏一致的判断标准，而且企业对不同顾客需要的投入回报难以事前知晓，因而着力于顾客待办工作场景，研究商业模式创新的机制与策略将更能精确地抓住商业机会。人们雇用产品与服务，目的在于获得待办工作的更好解决。基于待办工作的商业模式创新理论将产品与服务视为完成待办工作的一种支持工具，旨在消灭待办工作的摩擦点，乃至整个待办工作的麻烦。产品与服务对待办工作的支持程度，如匹配度、顾客成本、技术的先进程度、可靠性、精度等属性，应成为商业模式创新的核心议题。待办工作脱离不了特定的情景，并与情

---

① 李永发：《顾客待办事项与商业模式创新》，载于《管理现代化》，2017 年第 3 期。

景共同构成待办工作场景。

前面提出了三个基本观点：一是待办工作场景可以解构与重构；二是待办工作场景具有动态过程属性；三是待办工作场景可与特定商业模式分离。但如何基于时间过程的视角，建构或重构商业模式，建议考虑三个关键事项：（1）聆听顾客建议与观察顾客行为，创新待办工作定义。（2）基于待办工作，构建一个新商业模式的结构。（3）试错与测评，通过迭代方式成型商业模式。商业模式创新过程应将因果逻辑和效果逻辑结合起来，即系统化的分析工具探测作为"因"的待办工作场景和作为"果"的商业模式绩效之间的联系，同时，不断试错学习，通过实验的方式洞察两者之间的联系，根据每一步活动的结果，选择下一步活动的策略。对创新过程的控制性测评，主要有两种方式：一是数值测试，测量投入要素的变化会带来结果怎样的变化；二是意义测试，评估商业模式是否符合特定的商业逻辑和商业价值。

第五节　新商业模式的二元性

商业模式描述企业逻辑的式样，决定商业单元的价值创造活动和价值获取活动的可持续性和规模扩展性，其核心维度是价值主张、价值创造与价值获取，[1] 因而受到业界、学界和政界的高度关注。[2] 李永发和李东（2015）提出商业模式 CPC 结构模型，即顾客价值主张（Customer Value Position，CVP）、盈利模式（Profit

---

① 项国鹏、罗兴武：《价值创造视角下浙商龙头企业商业模式演化机制——基于浙江物产的案例研究》，载于《商业经济与管理》，2015 年第 1 期。

② 李东：《商业模式原理：解密企业长期盈利逻辑》，北京联合出版公司 2014 年版。

Model，PM）和可重复的核心标准过程（Core Repeated Standard Processes，CRSP）三个组件的连接构成了一个商业模式实体。[1] 组织二元性，如探索能力和利用能力、渐进式创新能力和颠覆式创新能力等，关乎一个组织的可持续健康发展，已经获得了大量的学者关注和研究。新商业模式在探索、识别和利用商业机会方面表现出独特性，其成型需要利益相关者的认同、支持和信任，即制度理论所要求具有的合法性；[2] 其成功，需要获得持续的竞争优势，即战略理论所要求具有的竞争对手难以模仿的创新性。若在转型经济的情境下，注重同时提升商业模式创新性和合法性，将是对商业创新结构性失衡的纠偏。[3] 然而，商业模式的合法性和创新性，当前文献对此二元性还缺少深入研究，使得商业模式创新良性循环的构建路径不明晰，如图 3－15 所示。

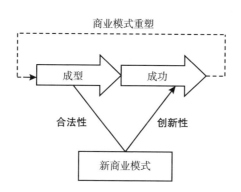

图 3－15　新商业模式双元性[4]

① 李永发、李东：《新商业模式成型过程与动态测评》，载于《科技进步与对策》，2015 年第 12 期。

② Snihur Y., Zott C., "Legitimacy without Imitation：How to Achieve Robust Business Model Innovation", 35th DRUID Celebration Conference, 2013.

③ 罗兴武、刘洋等：《中国转型经济情境下的商业模式创新：主题设计与量表开发》，载于《外国经济与管理》，2018 年第 1 期。

④ 李永发、李东：《新商业模式成型过程与动态测评》，载于《科技进步与对策》，2015 年第 12 期。

一、合法性

合法性不仅仅表现在合乎法律和制度的规范。合法性被广泛视为"在一些社会性标准、价值、信念和定义的构造系统中，一个实体的活动是令人满意的、适当的、合适的普遍性感知或假设"，[①] 与其是否符合社会规范、价值观以及经济社会环境的期望有关[②]。赵亚普等（2015）提出影响服务业商业模式合法性的三个因素：（1）焦点企业的内部特征，如企业技术能力和高管团队的支持；（2）外部联系，如与知名企业、特定政府的合作；（3）行业合法性。[③]

商业模式是一个实体，其活动边界超越一个特定的焦点企业。因而，商业模式的合法性可被定义为：一个给定商业模式获得其内部利益相关者和外部利益相关者认同、支持和信任的程度。其中，内部利益相关者是指给定商业模式中的顾客、焦点企业、焦点企业的合作伙伴；而外部利益相关者是指给定商业模式边界之外的影响商业模式活动的人或组织，如高管的家人、政府、社区、潜在的投资者。进而，商业模式的合法性涉及两个维度：（1）利益相关者维度，包括内部利益相关者认同和外部利益相关者认同两个部分；（2）组件维度，包括单个组件的合法性和组件整体的合法性。合法性是商业模式的无形资源，同时，具有吸纳聚集资源的功能，成为一个特定商业模式竞争优势的来源。

---

① Suchman M. C., "Managing Legitimacy: Strategic and Institutional Approaches", *Academy of Management Review*, No. 3, 1995.

② Dacin M. T., Oliver C., Roy J. P., "The Legitimacy of Strategic Alliances: An institutional Perspective", *Strategic Management Journal*, No. 2, 2007.

③ 赵亚普、李垣、张文红：《合法性视角下产品企业服务商业模式的案例研究》，载于《经济与管理研究》，2015 年第 2 期。

二、中国网络实名服务

为了回答"新商业模式的二元性"是什么，以及为什么影响到商业模式的成型、成功，一个比较适用的方法是案例研究法。将基于历史研究的视角，探索 1998～2003 年中国互联网"实名"服务商业模式的合法性和创新性，以及相互间作用的结果。网络实名是互联网"IP 地址"和"英文域名"的一项基础性的应用服务。以安徽财经大学为例，其 IP 地址是"211.86.241.190"，英文域名是"www. aufe. edu. cn"，中文实名则包括："安徽财经大学""安财""安财大"等。基于网络实名服务，不需要输入烦琐难记的 IP 域名（如"211.86.241.190"）或英语网址（如"www. aufe. edu. cn"），直接在浏览器的对话框里输入要找的组织或产品中文名称或汉语拼音（如"安徽财经大学"），就可以连接到该网站。中国网络实名服务的先行者是 3721 公司，聚焦该企业所采用的新商业模式，主要基于四个方面考虑：（1）3721 商业模式获得大量新闻媒体的报道，同时学术期刊刊登大量学者的研究，这足以见证和还原当时的场景；（2）特别站在当前的时间点，更能够清晰地理解作为先行者的 3721 公司以及其后来者的商业逻辑、合法性和创新性；（3）考察期的中国是互联网商业模式的涌现期，而当前中国是"互联网＋"商业模式的涌现期，以史为鉴，本书能够对中国当前的经济发展、转型有重要的启发；（4）如今，3721 软件被公认为"流氓软件"的代表，其所代表的商业模式因背离广大的用户利益而广受质疑、抵制，因而，3721 商业模式研究对于当前企业商业模式设计、成型和转型有重要的启示。

1. 先行者

中国实现全功能互联网连接是在 1994 年，随后，"互联网"成为中国流行词。1997 年被称为"中国互联网元年"，典型事件有：1997 年 1 月张朝阳创办爱信特网站，1997 年 5 月丁磊创办网易，1997 年 6 月中国互联网络信息中心（CNNIC）成立，以及 1997 年 10 月王志东为四通利方网站赢得 650 万美元风险投资。1998 被业界称为"中国网络门户元年"，典型事件有：1998 年 2 月，张朝阳克隆雅虎，创办中文搜索引擎，即搜狐网站；1998 年 12 月王志东受到美国的新闻网页大浏览量的启发，成立新闻门户网站，即新浪网。新浪、网易和搜狐成为中国的三大门户网站。1998 年，中国的网民突破 100 万，但是英文域名给中国老百姓上网带来很大的麻烦和痛苦，这为新商业和新商业模式产生创造了一个机会。1998 年 10 月，周鸿祎创立 3721 公司，业务是"中文网址"，一种中文网络访问技术，满足中文访问网址的需要。2000 年，3721 公司参考竞争对手美国 RealNames 公司，将业务重新定义为"网络实名"。巅峰时期，国内九成以上用户采用 3721 的网络实名访问互联网。3721 成型的商业模式如图 3 - 16 所示。（1）CVP 组件。3721 公司主张用母语上网，解决大众上网的难题，同时，帮助大量的传统公司而不是 . COM 公司，解决其期望客户在互联网上可以通过使用企业名称或者产品名称便捷地找到企业网站的难题。（2）PM 组件。3721 公司在 3 年推广期结束后对企业客户收费，即自 2001 年 5 月份开始，每个网络实名注册，3721 公司收费 500 元/年。2001 年，在 3721 注册的企业数为 25 万家，2002 年，其年度收入突破 1. 4 亿元，纯利润超过 6 千万元。（3）CRSP 组件。1999 年，3721 公司开发出中文上网软件，并推出 www. 3721. com 网站。3721 采用插件弹窗的安装方式，即与一些门户网站合作，如新浪、网易、搜狐等，在其网站上植入一个脚本，当用户访问此网页，3721 脚本会自动检查该电脑是否安装了网络实名的插件，当识别出没有安装时，一个对话框就会弹出，询问用户是否安装，若点击"yes"，网络实名自动高速完成安装。当然，选择"no"的用户在下一次访问此网页时，会再次遭遇弹窗，3721 脚本没有记录此用户拒绝安装的记录，只是识别该用户有无安装。因此，插件弹窗推广方式为 3721 公司创造了巨大的客户端资源，装机量最多的时候超过 7000 万台，这种方式被后来者踊跃模仿。当然，弹窗骚扰，影响到用户的网页浏览体验，常被人诟病。网络实名销售渠道拓展方面，3721 公司构建了一个扁平化的网络实名服务渠道模式，统管千家代理商，并将区域代理商分成金牌、银牌和普通代理三种。通过这些代理商，签约需要网络实名服务的企业和机构，2002 年，25 万家企业在 3721 网站注册了超 60 万个网络实名。

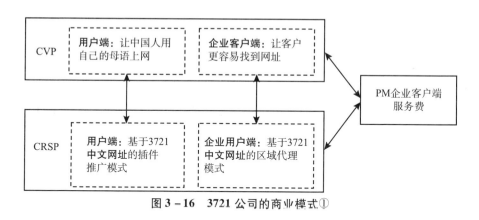

图 3-16　3721 公司的商业模式①

2. 后来者

中文实名寻址市场，3721 公司是先行者，而美国 RealNames

---

① 李永发、李东：《新商业模式成型过程与动态测评》，载于《科技进步与对策》，2015 年第 12 期。

公司、中国域名管理机构（简称 CNNIC）和百度公司则扮演着后来者角色。IP 地址和英文域名独立于网页浏览器，但是实名寻址必须借道于网页浏览器。因此，网络实名寻址的"江湖"，少不了微软企业这个平台角色，因为提供实名寻址服务的企业争夺的战场就是 IE 浏览器的地址栏（如图 3 – 17 所示）。（1）RealNames。1997 年 4 月，Teare 在美国创立 RealNames 公司，帮助网民使用关键字（Keywords）寻址浏览互联网。当时正值互联网的一个热潮，关键词与域名一样，获得广大企业和投机者的追捧，关键词的注册费用水涨船高，并且出现关键词抢注现象。关键词抢注，一方面增加了 RealNames 的收入，但另一方面可能会弱化用户的上网体验，因为，当用户在浏览器地址栏输入一个关键词，或许导入一个与用户心中完全不一致的链接网页，如一些大企业输入自己企业名称，却进入到另一家企业网站，这为后来微软公司终止与 RealNames 的合约提供了一个理由。2000 年 3 月，RealNames 与微软签订两年合约，换取占有市场份额 95% 的 IE（Internet Explorer）浏览器对关键词搜索服务的支持，而 RealNames 付出的相应代价是：将 Real-Names 的 20% 股权划给微软，并在 2000～2001 年间支付 1500 万美元现金抵押，2001～2002 年间，支付 2500 万美元现金抵押以及 15% 的销售提成。而当时，RealNames 的年收入不足 1000 万美元，RealNames 原想利用 IPO 筹集到足够现金支付给微软，但合约签订后不久，美国纳斯达克崩盘，互联网泡沫破灭，RealNames 上市遥遥无期。2000 年底，RealNames 与微软携手进入中国，与 3721 公司展开竞争，但与 3721 公司相比，RealNames 的汉化技术处于劣势。由于 RealNames 在国内国外两头受困，无法满足与微软的协议条件，2002 年 3 月，微软声称 RealNames 为微软产品带来了不好的用户体验，因此，不与 RealName 续约。2002 年 5 月，丧失微软支持的 RealNames 破产倒闭，与 3721 公司的竞争戛然而止。（2）CNN-

IC。2001 年 8 月，作为政府管理机构的 CNNIC 推出 "通用网址"
业务，"抢食"网络实名市场"蛋糕"。2001 年 10 月，CNNIC 与
RealNames 公司达成合作协议，通用网址可直接在 IE 浏览器中使
用。2001 年 11 月，CNNIC 正式开始收费，通用网址的年服务费是
500 元，并称："从即日起，我国广大互联网用户无需下载任何软
件，均可通用 IE 浏览器直接使用通用网址服务"。[1] 2002 年 6 月，
随着 RealNames 公司倒闭，CNNIC 上述说法将难以实现。2002 年
10 月，微软 IE 浏览器不再支持通用网址的直达服务，CNNIC 身
份、通用网址直达业务遭到 3721 质疑。（3）百度。百度的商业模
式原先是向拥有门户网站的企业或机构出售中文搜索引擎获得收
入，尽管已经占到 80% 的市场份额，但由于当时门户网站数量不
大，并且其收入也不理想，使得这些门户网站不愿意花费高价格从
百度买入技术更好的搜索引擎服务，从而导致百度当时商业模式盈

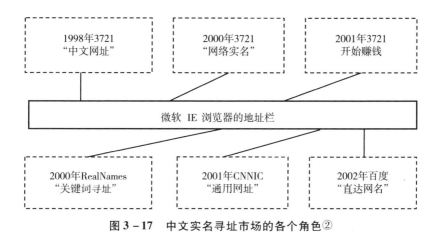

图 3 - 17　中文实名寻址市场的各个角色[2]

① 孙善清：《CNNIC：又到危机公关时》，载于《IT 时代周刊》，2002 年第 11 期。
② 李永发、李东：《新商业模式成型过程与动态测评》，载于《科技进步与对策》，
2015 年第 12 期。

利能力不足，百度被迫转型。百度的新商业模式不再是向门户网站收费，而是通过竞价排名，向企业客户差异化收费。百度的新商业模式依赖于流量和用户量，因此，2002 年 6 月，百度公司推出浏览器插件"IE 搜索伴侣"，加入了浏览器地址栏的争夺。与百度之战中，3721 为了抢夺用户，通过技术"强迫"用户安装 3721 寻址软件，并且一旦安装上又难以卸载，阻碍竞争对手寻址软件的正常安装和使用。3721 公司因此被告上法庭，且败诉而归，导致其用户和代理商流失，并成就了对手百度。

三、合法性与创新性的连接

基于商业模式合法性的定义，判断 3721 新商业模式的合法性主要依据于：（1）是否与外部利益相关者利益一致，是否存在与现行国家法律、规制和习俗的冲突；（2）是否获得内部利益相关者认同、支持和信任，与其利益一致。因此，分析 3721 商业模式的合法性需要完整地解剖其结构：（1）CVP 组件。3721 创业时期，正值中国网民采用拼写英文域名的方式访问互联网，因而普遍存在不适感，同时，大量企业网站不易获得足够的访问量。3721 主张用中文上网，正好击中中国网民上网的痛点，同时也解决企业网站网络营销不易创造实效的难题，没有法律盲点，不管是内部利益相关者，还是外部利益相关者均认同这个 CVP。（2）PM 组件。3721 对使用网络实名寻址的用户是不收费的，只对网络实名的注册者收费，这种商业盈利逻辑是合理的、正当的。3721 网络实名让普通用户感到上网更加便捷，获得更好的体验，这表明普通用户获得了价值，为黏住和聚集更多的用户创造了条件。3721 庞大的用户群，使得网络实名的注册者感到品牌和产品推广效果有保障，从而提升注册网络实名的意愿。因此，3721 创造了一个良性盈利循环圈，获得内外利益相关者认可与支持。（3）CRSP 组件。3721 有一套可序化的、可重复的、核心的、标准化的活动集合，如技术研发、终端生产、服务推广，通过这些活动，3721 创造出不同类型的顾客价值、卓有成效的传递价值，进而获取价值。3721 的 CRSP 所规定的活动由 3721 与其合作伙伴共同有序完成，这离不开利益相关者的认同、支持和信任。（4）商业模式整体。3721 从 1998 年创立到 2003 年以 1.2 亿美元卖给雅虎，这表明了作为一个实体的 3721 商业模式的合法性，但 3721 在与百度对战中使用了非法的活动，削弱或打击内外利益相关者对于现有领导者继续运营 3721 商业模式的认同感和信心。若新商业模式缺乏合法性，其无法成型于一个结构完整、功能健全的实体。

　　3721 新商业模式的创新性，首要的表现在于其是中国第一家提出中文上网价值主张并构建成熟的活动体系，从而开辟了一块中文寻址新市场，塑造成一个独特的先行者身份。3721 为随后进入中文寻址市场的每一个对手，分别创建与维持相应的创新性，如对战 RealNames，依靠的是 3721 在中国市场占有率、对中文汉化技术的理解以及过硬的寻址技术；对战 CNNIC，依靠的是企业身份和自建的销售渠道；对战百度，依靠的则是客户端。新商业模式的创新性，使得焦点企业占有优势的竞争位置，获得商业上的成功。

　　基于认知层面，商业模式是一个知识体系，包括显性知识和隐性知识。由于商业模式合法化需要一个过程，利益相关者以及竞争对手，可以感知或捕捉到新商业模式的显性知识部分，将削弱新商业模式的创新性，成为后来者复制、模仿和竞争商业模式的前因。一个成功的商业模式主要源于其难以模仿的创新性，而创新性的来源又主要基于包含大量隐性知识的 CRSP。CRSP 是由多种多样的活动元连接而成。如图 3 - 18 所示，一个标准的活动元（Activity unit）是指商业模式价值创造、传递和获取过程中的一个相对独立的活动基本单位，表明商业模式活动系统各个活动者及其活动内容，包括入口连接、出口连接、角色、活动者和活动内容五个部分。角色代表商业模式设计时所安排的一个活动岗位，活动者是特定活动岗位的实际参与者，活动者的实际活动内容与角色描述的活动内容或许存在着差异，而真实活动的连接决定作为实体的商业模式的真实效能，即入口连接与出口连接上的价值流、现金流、信息流、物流等流量和流动规律。商业模式合法性与创新性的连接必将基于活动元的整合、分解、增加、减少、删除和创造，通过这种方式，使得新商业模式成型，并获得成功。

图 3 - 18　活动元的结构

四、提升策略

商业模式的成型和成功，依赖于商业模式的二元性，即合法性和创新性。基于中文寻址市场的先行者和后来者商业模式分析，发现合法性是作为一个实体的新商业模式现实成型的基础，而创新性的创建和维持，则是新商业模式在竞争中获得商业成功的先决因素。新商业模式成型过程依赖于大量的利益者认同、支持与信任，其合法化过程中难以避免商业模式显性的知识体系部分被竞争对手学习、模仿，这必将削弱新商业模式的创新性。基于商业模式活动元理论，现实中的商业模式是由活动者及其连接实现特定功能的实体，基于特定的场景和文化的真实活动者及其连接方式，往往嵌入了大量不为外人所知的隐蔽性知识，即使被外人所洞察，也难以被竞争对手效仿或短时间复制、培育，使得新商业模式的创新性可以持续一段时间。因此，新商业模式合法性和创新性连接效果取决于活动元的设计与配置。

1. 从利益相关者视角分析新商业模式的合法性

制度理论认为合法性对组织怎样建造、怎样运行，以及怎样被理解或评估方面有着重要的影响力。作为一个实体的商业模式创新需要获得或创造出合法性，促成所有与此商业模式相关的行为主体都能从中获益。与产品创新、组织创新、过程创新和技术创新相比，商业模式创新中涉及更多不同目标、兴趣和关心点的利益相关者，因而相互间经常冲突，导致战略决策的不和谐和分化，获取合法性将面临更多挑战。

2. 从活动元视角分析新商业模式的创新性

成功的商业模式经常会被多个竞争者分享。即使在一个新兴行业，企业仍然会寻找一个或许会成为标准的通用商业模式。因此，当合法性增加，致力于获取可持续性绩效优势的焦点企业，需要努力防止新商业模式的知识体系被竞争对手模仿，避免竞争对手的模仿暗地里破坏新商业模式的创新性。焦点企业最有效的办法就是基于特定的情境与文化，优化新商业模式的活动元配置，使得 CVP 与当前竞争者现有的商业模式不兼容，或使得 PM 不易察觉或更复杂，或使得 CRSP 能成功将潜在的竞争者转化成合作伙伴，或使得商业模式整体效能依赖于组件之间高度耦合，那么新商业模式的创新性至少可以维持一段时间。

第六节 实 践 案 例

因为新技术产业具有高成长性和重塑传统产业的功能，新技术商业化被世界各国政府所重视。不过层出不穷的新技术，只有一小部分真正能够产生巨大经济效益，而大部分新技术未能商业化成功，这很大程度上源于未能抓住创业机会。切萨布鲁夫（2010）认为同样的技术经由两种不同的商业模式进入市场将会产生不同的经济结果，因此，提升商业模式创新能力对企业发展具有重要意义。一项平庸技术植入一个伟大商业模式，其所带来的价值甚至可能超越一项伟大技术植入一个平庸商业模式。技术本身只具有潜在的经济价值，只有进行某种程度的商业化时，其才能产生现实的客观价值。我们先观察下面两个经典案例。

案例1：施乐公司通过计量收费商业模式摆脱了市场困境。1959年，施乐公司研发了914型复印机，该复印机体型小巧、操作方便、适用普通纸并且不易褪色，但由于价格昂贵，一时打不开市场销路。为此，施乐公司重新设计商业模式，从原来的复印机销售模式转变成计量收费模式，即顾客每月为复印机使用交付一个基本租赁费95美元，可免费复印2000张，只是在超过2000张的情况下，再按多出的部分每张4美分计费。计量收费模式使得施乐公司在市场上赢得了竞争优势，将施乐公司从一个复印机提供商转变成复印服务提供商。而且，计量收费商业模式与数量庞大的专利权、资金支持和高品质服务共同为竞争设立了一条"护城河"，施乐公司一举成为当时顶级复印机企业。

案例2：利乐公司无菌纸盒包装技术的市场突破。瑞典利乐公司大约花费了10年时间研发出四面体无菌纸盒封装机，优势在于快速封装、独特灭菌技术和不改变食品味道。同时，利乐公司不仅研究食品包装企业的需求，而且全盘研究食品包装企业的顾客，如食品生产企业，以及最终端食品消费者的需求。这远非局限于包装技术本身的领域，而是与客户建立更为紧密合作关系的商业模式，极大地促进了乳制品行业的发展。利乐公司无需冷藏的封装技术迅速获得欧洲新兴市场的欢迎。但美国食品企业对此技术显得冷漠，因为美国人消费行为模式是围绕容量巨大的冰箱展开，喜欢冰镇牛奶的美国人不信任未经冷藏存储的奶制品。利乐公司随后深入研究美国人的消费习惯，发现美国人消费豆浆历史比较短，对利乐包装的豆浆制品没有类似奶制品的抵触心理，因此利乐公司通过豆浆制品的入口，最终将各种食品的利乐包装摆进美国大大小小的超市。

　　案例1显示，一个好技术，在不同的商业模式之下，市场会给出不一样的反应；案例2显示，同样的好技术，在不同的市场上，只要选择合适的商业模式，就能产生好的市场绩效。因此，商业模式创新、选择对于新技术的商业化绩效有着重大的影响。任何新技术都是解决人们特定问题的工具，人们实质上需要的不是新技术本身，而是新技术所产生的某种价值功效。没有一项新技术能够改变一个行业，除非这项新技术与一个商业模式连接在一起满足一个新兴市场需要。新技术商业化过程中不仅要面对技术的不确定性，还要面对市场的不确定性。在这样一个不确定性情境中获得一个可预见性的商业化结果，创新、选择一个合适的商业模式耦合新技术成为关键议题。

一、商业模式3V分析框架

　　每一个企业至少固有一个商业模式。良好的商业模式有助于企业创造价值和吸引投资，而不好的商业模式则阻碍企业持续经营。

虽然目前商业模式定义丰富且各有不同，但仍然可以归纳出一些共同点：（1）商业模式服务于具有特定活动的商业单元。每一种商业单元，都有着特定的商业活动，也就必然对应于某种商业模式。这就是为什么每个企业都有自己的商业模式，而且或许商业模式还不止一个。（2）商业模式的核心维度是价值主张、价值创造和价值获取，而价值创造和价值获取活动系统往往需要超越特定组织的活动边界。（3）商业模式被视为一种系统层面的可持续赚钱方式。（4）商业模式类似于企业文化，企业有无设计，或者设计得是否合适，关系到企业的可持续性和可扩展性。因此，采用"3V"闭环分析框架（如图3-19所示），包括价值主张（Value proposition）、价值创造（Value creation）和价值获取（Value capture）三个组件。在短期内，创业企业可以利用外部合作网络以及自身资源和资本力量，促成价值主张和价值创造活动的循环。但从长远来看，缺少价值获取的组件，商业模式的循环闭路难以实现。因此，为了可持续性的发展，企业必须拥有一个3V畅通的闭环。

图3-19 商业模式3V分析框架

价值主张描述特定商业模式所创造的顾客价值，即在特定情景下由焦点企业及其合作伙伴共同提供的所有面向目标顾客的产品、服务和环境，旨在解决目标顾客的基本问题或有待完成的工作。价值主张是顾客愿意与焦点企业建立关系的驱动力，定义顾客支付意愿的内容和特征，并代表着商业模式的身份。它是商业模式最重要的组成部分，影响着顾客的支付意愿。焦点企业正确识别顾客问题和问题解决的情景，以及精确设计和创造的提供物是价值主张最重要的部分。价值创造是指可重复的、必要的和标准化的价值活动及其连接。此处"活动"被视为实现商业模式的目的或目标所需要的人力、实物和资本资源的参与。活动系统是将商业模式理解为可操控实体的关键。在一个活动系统内，需要哪些角色，角色之间如何关联，谁将实际来完成活动，活动之间的连接规则以及活动的有效性都将被观察到。价值获取定义了焦点企业整个活动的货币化逻辑或模板。良好的商业模式不仅能为顾客提供实质性的价值，而且还使焦点企业有可能通过收入的方式获得一定比例的价值。为了获取价值，焦点企业必须通盘考虑收入来源和成本结构两个因素，以使得商业活动可持续展开。

二、R 机构的新型管道机器人

合适的商业模式将开启源于技术的潜伏价值，商业模式创新的使命在于确保技术创新嵌入一个经济可行的商业单元。作为认知工具，商业模式会影响到高管的战略决策，从而进一步影响到将新技术嵌入至何种产品的决策；作为实体构造，商业模式建立了一种新技术的潜伏价值与实实在在的经济价值之间的函数关系。要透彻理解商业模式概念，必须紧紧抓住两个关键词：价值和活动。价值与商业模式的目标使命相关，而价值必须依赖于商业模式各行为主体的活动。基于价值理论视角，商业模式结构可划分成三个模块：一是价值主张，描述顾客的痛点、痛点产生的背景、相应解决方案以及该方案为顾客带来的利益；二是价值创造，描述顾客价值创造、传递的活动与过程；三是价值获取，描述企业如何从顾客价值创造过程中获取到一定比例的价值。价值，对于终端使用者而言，或指产品的效用；对于焦点企业而言，或指技术所创造的货币收入。但不管哪种形式所表示的价值，其背后都离不开人类的一般劳动。玛格丽塔（2002）认为创造一个新商业模式与写一个故事很相似。所有新故事在一定程度上都是旧故事的发展和人类所经历的普遍性话题的重构，而所有新商业模式也都是基于所有商业一般价值链的发展。这种价值链包括两个部分：一是与制造某物相联系的所有活动，如设计该产品、购买原材料、制造活动等；二是与销售某物相联系的所有活动，如发现与接触顾客、销售交易、配送产品和传递服务等。① 佐特和阿米特（2010）将商业模式定义为以焦点企业为中心，由焦点企业与其合作伙伴、风险投资者和顾客等参与者相互依赖、共同完成的一个活动系统。活动是指商业模式任何参与方的人力、实物或资本资源的介入，服务于整个商业模式目标的实现。作为活动系统的商业模式包括三个部分：一是活动内容，即完成什么活动；二是活动结构，即活动怎样链接和序列化；三是活动治理，即由谁并在哪里完成活动。②

　　探索如何创新商业模式去耦合一项新技术，较为实用的方法是案例研究法。机器人是一个新兴技术产品，智能管道机器人有着巨大的市场需求。R 机构研发出一种新型智能管道探伤机器人，被称为"R 机器蜘"。R 机器蜘所具有的特征包括：（1）适应油、气、水等多种介质；（2）适应各种各样管道口径；（3）长距离、长时间运行；（4）稳健检测管网运营各种参数信息，并以数字信息形式传递到接受信息终端。R 机器蜘相比其他组织的类似产品，具有两大核心竞争优势：（1）不需要对管网进行预先处理；

① Magretta J. , "Why Business Models Matter", *Harvard Business Review*, No. 5, 2002.

② Zott C. , Amit R. , "Business Model Design: An Activity System Perspective", *Long Range Planning*, No. 2 – 3, 2010.

（2）不需要停止管网运行。因此，R 机器蜘能够为客户带来实实在在的利益，如探伤效率高、效果好；避免管网损坏所造成的严重后果；不需要直接人工探伤；客户花销比较低等。R 机构研发出 R 机器蜘的同时就在思考 R 机器蜘的商业模式：第一种方案是 R 机器蜘提供商模式，从 R 机构衍生出一个初创企业，从事 R 机器蜘的生产与销售；第二种方案是管道探伤服务商模式，R 机构向管道维护保养组织快速、准确提供管道探伤诊断报告。那么问题出来了，究竟哪种方案对于 R 机构更具有利？还有没有更好的解决方案？换句话说，需要研究怎样耦合 R 机器蜘技术，创新商业模式，然后选择一个合适的商业模式充分挖掘 R 机器蜘的经济价值。

商业模式一方面能够以实体构造的形式呈现，将技术与产品转化成经济价值；另一方面能够以认知工具的形式呈现，影响高管的战略决策，从而影响到企业定位和技术所嵌入的产品概念。消费者心理和行为以及互联网时代下的企业活动边界都发生了根本性变化，再加上政府调控政策的外生性，使得企业高管视线受到干扰，难以准确找到新技术商业化的合理路径。商业模式是一个跨焦点企业边界的全部参与者活动集合，以完成价值主张、价值创造和价值获取的功能。这就说明，耦合新技术，设计和选择一个合适的商业模式，可以基于价值（Value）和活动（Activity）双维度分析，简称 VA 分析（如表 3 – 2 所示），其中活动维度包括三个分析变量：顾客的活动、焦点厂商的活动和其他利益相关者的活动；价值维度包括价值主张、价值创造和价值获取三个变量。通过 VA 分析框架，可以将空洞、模糊的技术商业化图景转变成一个具体的、清晰的、结构化的、可预见性的商业模式蓝图。

表 3 - 2 商业模式的价值 – 活动二维分析框架（VA 分析）

		活动		
		顾客	焦点厂商	相关者
价值	主张			
	创造			
	获取			

通过研究 R 机构的新型管道机器人案例，发现耦合新技术的商业模式创新实践，必须解决好三个问题：一是透视商业模式活动的前提条件和引致结果的问题，目的在于洞察出商业逻辑的深度真相，预测经济价值总量；二是解决各参与方的认同问题，目的在于洞察出商业实践中行为的一致性程度，确保正向协同效应；三是解决领导者的多重角色问题，目的在于提升领导工作的效率和效果，避免走弯路。

1. 前提条件和引致结果的问题

商业模式表现为一个活动网络或者不同价值链的链接。任何模式所定义的活动，都存在某些前提条件，尽管这些条件不一定在商业模式话语中表述出来，但特定前提条件未能满足，商业模式将存在致命性缺陷。不管是城市的地下管网，还是工业管网，管网正常功能的保养和维护是一项长期而艰巨的任务。从理论上讲，R 机器蜘有着巨大的市场前景，但是真实的 R 机器蜘经济价值受到很多因素的影响。表 3 - 3 对比描述了 R 机器蜘两种商业模式，揭示了硬件模式和服务模式每一项核心活动，但是通盘思考特定商业模式的功能，还需要透视这些活动的前提条件和引致结果。举例来说，在硬件模式下，R 机构向管网保养维护组织提供高性能管道探伤机器蜘，其前提条件是接受这种高性能的设备，而现实的状况是顾客或许习惯于当前性能一般但还能凑合使用的探伤设备。同样，在硬件模式下，R 机构向管网保养维护组织提供高性能管道探伤机器蜘，其引致结果是将面对大量的探伤设备提供商和后发劣势，R 机构议价能力或许不高。在服务模式下，R 机构向管网探伤报告和维护方案，其前提条件是顾客愿意支付特定的费用将检测、诊断或维护活动外包；其引致结果是避开了大量的传统硬件竞争者，并且客户关系管理、数据处理与分析成为关键活动。

表 3 - 3　　　　　　　　R 机器蜘两种商业模式的价值 - 活动二维分析

		硬件模式的活动			服务模式的活动		
		顾客	R 机构	相关者	顾客	R 机构	相关者
价值	主张	在管道不停工情境下，高效检测管道	提供高性能管道探伤机器蜘	机器蜘使用培训、售后服务	在管道不停工情境下，获得管道诊断报告	提供高效、准确的管道探伤报告和可行的维护方案	维护方案的实施
	创造	顾客的产品描述和功能建议	机器蜘研发和生产	机器蜘材料提供、销售支持、资金支持	顾客对管道维护描述与建议	机器蜘研发、生产、管道诊断和维护方案撰写	知识支持、资金支持
	获取	议价和支付	按产品计价销售	互补品支持	议价和支付	服务，对探伤报告或维护方案收费	方案实施议价

2. 各参与者的认同问题

商业模式的活动，一部分由顾客完成、一部分由焦点厂商完成，还有一部分由其他利益相关者完成，商业模式具有外部性特征。因此，一个可行的商业模式，必须获得各个活动践行者的认同。商业模式的认同支持，主要包括四个方面：一是焦点厂商内部认同。R 机构高管支持服务模式，相应的资源也在向服务模式聚集，即使没有缺乏一些资源，也要通过拼凑、借用的方式达成。二是顾客认同。顾客认同决定商业模式的身份。没有顾客认同，嵌入的技术再好，商业模式也难逃失败的命运。三是合作者的认同，包括投资者、渠道商和互补品提供商。如表 3-3 所示，硬件模式和服务模式对于投资者的吸引力是不同的，投资者对于服务模式下的 R 机器蜘技术有更大的想象空间。相比硬件模式，服务模式需要更多的合作者，顾客对管网的检测活动、诊断活动和维护活动都转移至 R 机构替代完成，不仅解决顾客管网探伤活动的困扰，而且解决保养和维护整个管网功能正常运行活动的困扰，痛点的广度和深度都远超硬件模式。因此，R 机构不再是技术研发组织，而是牵头共创一个合作体系。一个很经典的案例是索尼电子阅读器的失败。2003 年，索尼公司掌握领先的电子阅读器技术，试图与 10 位日本出版巨头形成战略合作，开辟电子书新市场。不过，这 10 出版巨头却很担心电子书的兴起会导致纸版印刷品的败落。结果，日本出版巨头表面支持索尼阅读器，实质暗中破坏。虽然索尼公司清楚地认识到电子书离不开出版界的支持，但是事实上索尼阅读器没有实质性获得出版界的支持，而最终被市场抛弃。四是政府的认同。政府不仅可以通过政策工具维护 R 机器蜘的知识产权，而且还可以通过政策工具，促进管网保养和维护产业及其配套产业的发展。政府政策的导向，不仅会影响到 R 机构研发机器蜘的信心，也会刺激各利益相关者的行为趋向。

3. 领导者的多重角色问题

不管是识别商业模式各个活动的前提条件以及引致的后果，还是在设计、创新和共创商业模式的过程中获得各利益相关方的认同支持，都离不开焦点企业领导者的主动作为。商业模式成型过程中，包括大量的酝酿、试错学习、资源配置和拼凑活动，领导者在这些活动中扮演者三大角色：价值定义者、流程策划者和结构搭建者。价值定义者是指领导者在洞察新技术的商业机会、确定顾客价值主张和推动共同的认知信念形成方面所扮演的角色，包括价值发现、价值定位和价值传播三个任务。R机器蜘技术用什么样的商业模式封装，R机构领导人找不同方面的专家、员工畅谈，发现技术的潜在价值。当R机构领导人识别出服务模式能够牵引出更大的经济价值，便会将R机器蜘技术作为使能器，带到管网保养和维护方案服务增值中。并且R机构领导人在不同的场合向企业骨干核心人员兜售服务模式的市场机会，也会批评偏离此目标的员工行为。流程策划者是指商业模式设计创新过程中领导人在模式试错实验、资源配置和进程序化方面所扮演的角色。特别是这些流程需要跨部门协同时，领导者将要求各部门澄清流程，并提出各部门具体方案的约束条件。结构搭建者是指商业模式设计创新过程中领导人对价值主张、价值创造和价值获取模块构造方面所扮演的角色，包括主导企业内部价值链活动、外部价值链活动和两者连接的设计。现实中形成合理的商业模式结构，需要焦点厂商的领导者强化活动系统的整体意识，并推动导入行为规则的形成。

4. 耦合新技术的商业模式创新设计

新技术不会自发形成创新性商业模式，但为了将新技术更好地带入市场，创业者必须充实完善商业模式。从目标任务层面，商业模式可以表述为价值主张、价值创造和价值获取三个模块的构造；从活动层面，商业模式表述为活动内容、结构和治理三个模块的构造，或者按照行为主体分为顾客的活动、焦点厂商的活动和其他利益相关者的活动。为此，提供一个商业模式价值—活动二维分析框架，即VA分析框架。基于VA分析框架，决策者可以从整体上思考构成商业模式的每一个活动单元、活动产生的前提条件以及在价值层面的引致效应或后果。VA 分析框架进一步深化了佐特和阿米特两位教授的商业模式的活动观，强调顾客价值主张无非是焦点厂商及其合作伙伴完成能替代、减少或推迟顾客不太愿意或者感到困扰的活动，而盈利模式就是对这些活动的货币化，描述补贴哪些活动及由谁去补贴、哪些活动用于创收等。基于新的管道探伤技术，即 R 机器蜘技术商业模式选择案例，发现耦合新技术的商业模式创新设计需要做好三件事：一是基于 VA 框架，绘出商业模式蓝图，通盘思考每一项基本活动的前提条件和对产出价值的影响效应。二是商业模式需要顾客、焦点厂商和其他利益相关者的活动投入，因而必须解决各参与方的认同问题，才有可能在商业实践中保持一致性行为，否则就是表面一套、背后一套、言行不一。一个成功的商业模式应该放眼技术和技术应用的上游和下游商业生态系统，理解价值是怎样被创造出来的以及怎样与必要的合作者分享价值。三是对于商业模式这样一个复杂的活动系统，焦点厂商的领导者个性和才能显得尤为重要，需要去研究在商业模式创新、设计、选择和成型过程中领导者的多重角色问题，促进领导者在每种情境下扮演好相应角色。分析商业模式的创新活动必须考虑到人的因素，商业模式本身演化轨迹与焦点厂商决策者个人意识和影响力息息相关。决策者个人直觉或分析感知到的初始商业模式图景到最终大量玩家共同完成的标准化、模块化现实商业模式之间有一段很长的距离。为了避免这段商业模式旅程中止，决策者应该分析商业模式创新中各种可能的活动场景，思考在每类场景中所扮演的角色，从而动态推动商业模式向更大的价值产出的方向演化。

三、中国移动健康产业

移动健康是指通过智能终端，如智能手机，平板计算机等，与移动感知设备结合来提取人类和环境的数据，再利用无处不在的通信网络，连接至用于医疗的云服务系统，从而实现患者与健康服务提供者之间的端对端远程医疗服务或者虚拟医疗服务，包括个人健康管理、慢性疾病预测与监督、从医院出院至手术后的指导以及在线律师等。移动健康是移动通信技术和医疗实践的一体化成果，可以随时随地为用户提供可定制的健康关怀、干预和指导服务，以更有效果、更有效率地为用户提供健康信息管理和服务。根据易观国际公司发布的"2016年中国移动健康市场年报"，截至2016年底，中国移动健康市场的估值将超过100亿元，2018年将达到300亿元。而艾媒咨询集团提供的数据是，2016年中国移动健康市场价值高达74.2亿元，2018年将升至184.3亿元。尽管易观国际公司和艾媒咨询集团的数据有所不同，但足以说明中国移动健康产业正在迅猛发展，具有巨大的潜力。2015年，中国移动健康产业共有221项投资，同比增长445.4%，这显示了资本对移动医疗行业的偏好。尽管远程预约、远程医疗、慢性疾病监管和大数据合成解决方案等预期将改变目前中国医疗卫生服务模式，但2016年中国移动健康产业整体在资本投资领域遭受严重挫折，如一批医疗保健初创企业破产，一些依赖于风险投资的企业大量裁员。中国移动健康产业似乎进入了焦虑阶段。其中一个关键原因在于，迄今为止，中国移动健康企业还没有找到任何有效的、可持续盈利的商业模式。

1. 春雨医生

春雨医生成立于2011年，初始定位于"轻问诊"，后来为适应互联网环境和投资市场的变化，进行了多次战略调整，纳入自诊断、医疗咨询、建立线下诊所、开放问诊平台和建立互联网云医院等功能或业务。春雨医生成立之初便获得第一轮融资300万美元，2012年第二轮融资800万美元，2014年第三轮融资5000万美元，逐步成为中国移动健康产业的"领头羊"，并在试错的过程中探索移动健康产业的未来。（1）价值主张。春雨医生希望通过移动健康技术帮助用户实现自身健康管理，并提供更优质、更便宜、更快捷、更方便的医疗服务。（2）价值创造。春雨医生在线开放问诊平台已经聚集 920 万激活用户和 49 万名公立二甲医院医生。利用该平台，每天专业回答 33 万个健康医疗问题，平均每分钟回答 229 个。每个问题的回答都是免费的，并且在 3 分钟内完成。自 2011 年以来，春雨医生已经解决了数十万用户 9500 万个有关健康医疗的问题。（3）价值获取。从在线付费问诊到线上诊所、在线问诊开放平台、互联网云医院，春雨医生从未停止过尝试不同的赚钱方式。目前，春雨医生在线问诊业务已经盈利。

2. 丁香园

丁香园成立于 2002 年，其最初是医学学术论坛。现在丁香园已经成为移动健康产业的代表性企业，发布一系列移动产品，全资筹建线下诊所，已经从简单的学术论坛华丽转身为线上和线下功能强大的实体。丁香园获得过三轮融资，2010 年为 200 万美元，2012 年为 1500 万美元，而 2014 年为 7000 万美元。（1）价值主张。丁香园是中国医疗健康领域的价值连接者，专业提供数字化健康医疗服务。在中国，丁香园已经建立了最大的医疗学术论坛，生产了一系列移动产品，并成立了全资线下诊所，努力构造一个专业和权威的资料共享平台、全面的数据积累和标准化高质量的医疗护理服务的健康医疗生态系统平台：医生可以将其当作学术工具，免费检索文档，交流观点和想法；制药企业可以获取药品观察数据；有关组织机构招聘医疗人才；一些企业，如生物研究试剂企业、制药企业，还可以进行广告推荐。（2）创造价值。丁香园将医院、医生、病人、制药企业和保险公司连接在一起，覆盖千万普通用户，拥有 500 万专业用户，其中 137 万名认证医生。目前，丁香园线下业务已在杭州、福州落地。丁香园发行的虚拟货币——丁当，可被顾客用于检索和下载材料、书籍和数字产品。顾客可以通过发帖、回帖和参与活动获得丁当。虚拟货币丁当的使用活跃了医生社区，促成正反馈关系的形成。（3）价值捕获。丁香园的盈利点包括：（1）招聘医生，该业务目前已经产生收益；（2）用药信息，该业务面向医生、专业护理人员以及家庭用户开放，目前高度活跃；（3）线下诊所，该业务实现医生和患者线上和线下的链接。

3. 移动健康商业模式

基于上述两个典型案例，可进一步理解中国移动健康商业模式的构建和创新策略。（1）价值主张。本质上，移动健康旨在解决"看医生难"和"看医生贵"的问题。只有深刻切入用户的核心问题，从根本上解决看病难题，价值主张才能被用户接受。任何移动健康活动都涉及六类参与者：一是移动健康机构；二是患者和用户；三是医疗从业人员；四是医疗企业和电商企业；五是保险公司；六是政府及其相关组织。借助互联网平台的双边性和外部性，移动健康企业有效地将服务提供商、需求方以及相关利益者进行去中介化的连接。任何参与者变动或参与者之间连接方式的变化都可以触发新的价值主张，例如连接不同患者的健康管理交互平台，连接医生和患者的在线问诊和慢病管理平台，连接不同医生的医生社区，连接医院和医生的远程医疗。医院的信息化促成医院和医生的新连接方式，医药电商促成了制药企业和患者的新连接方式，而药品福利管理促成制药企业和医疗保险机构的新连接方式。移动健康不仅仅是一个应用程序，而且包括任何由移动技术平台提供的医疗健康服务，如著名医生演讲的直播活动。（2）价值创造。为了解决"看病"问题，移动健康很自然地开展在线问诊业务。医疗问诊牵涉到密集的互动、技术因素和政策因素，因此在线很难完成整个问诊过程。医院和医生是移动健康服务的关键，这是任何互联网产品都不可替代的。若没有"医"，任何移动健康企业都难以实现真正的价值创造。根据原国家卫生和计划生育委员会2015年发布的《关于促进医疗机构远程医疗服务的建议》，任何没有医疗机构执照的互联网公司只能开展咨询服务，而不能进行诊断和治疗业务。为了找到一条出路，春雨医生已经尝试线下挂牌合作；丁香园则直接建立自己的品牌。社会保险及其报销制度、保险业务线上和线下的连接，以及医疗支付系统也影响着移动健康的价值创造活动，例如，如果移动健康无法解决医疗保险付款难题，就难以获得大的进展。（3）价值获取。移动健康企业仍在继续探索着盈利模式，无论是在线还是离线。移动健康网站平台或 App 包括以下盈利点：一是服务收入，主要是服务器后台数据支持、医疗团队和专业人员诊断以及定制健康方案设计；二是设备收入，即附属设备硬件的销售，如针对某种疾病的传感器；三是交易收入，即销售医药或其他医疗产品，如智能应用；四是付费下载收入，即用户为其所需资料和信息付款；五是广告收入，广告不是移动健康服务的核心，但能成功地为移动健康企业带来现金流入；六是信息收入，即向上游和下游企业销售大数据，如医疗器材厂和制药企业导引顾客，利用入口优势向医院和医生收取佣金等，不过这将涉及用户隐私，可能会引起用户的反感；七是保险业务收入，即移动健康医疗公司与保险公司之间的合作提成。

移动健康是通过使用互联网技术促进医疗服务提升，改善社会健康医疗服务，帮助更多人获得健康管理的工具，有利于解决"看病难"和"看病贵"的问题。对于移动健康领域的初创企业来说，最大的问题和困境在于如何设计它们的商业模式。商业模式设计应该基于3V框架综合考虑供应侧和需求侧及其前因。目前，大多数中国健康医疗企业依赖于资本存活，但这只能是暂时的。从长远来看，健康医疗企业必须获得消费者的支持和信任。因此，建议移动健康医疗企业构建或创新商业模式时，考虑 LEGS 四个因素：（1）合法性（Legitimacy）。即移动健康医疗企业所倡导的价值主张需要来自各个利益相关者群体的认同。移动健康医疗企业必须善用政府政策，基于一个良好的政策环境并善于做好教育顾客的工作。（2）生态系统（Ecosystem）。任何成功的移动健康企业都为自己建造一个健康的生态系统，打造精准医患撮合平台，构建医生资源共享生态圈。移动健康医疗业务涉及患者、用户、企业、医院、保险和政府组织，平衡各方所关切的利益，创造一个有生机的共赢相态，实现跨界融合。（3）收益（Gains）。仅仅凭借资本方支持而找不到合适盈利点的移动健康企业将难以长久生存。移动健康企业进入某一个细分行业，需要找到医院、医生护士、医药企业和患者等顾客有支付意愿的痛点和恰当的支付方式。（4）可扩展性（Scalability）。移动健康企业的成长必须依赖于业务范围或规模的扩展性。

第四章

新价值牵引下的共同演化

　　新商业生态系统的主要目标是通过为顾客提供新款的、大量的、品类丰富的、可用的信息、服务和产品来创造新的价值。[1] 资源本身不是特别重要，关键因素是如何将各种资源聚合在一起，为顾客创造新价值。创新不能被简简单单地视作连续不断地提供产品和服务，而是应更广泛地定义为满足和创造新的顾客需要，因而需要将以前未曾匹配过的或没有很好整合的资源进行匹配和整合。[2] 电商时代，商业生态系统是一种基于互联网的价值创造模式，是基于创造新价值的市场空间共享愿景下的商业合作伙伴之间连接和不断演化的关系。[3] 识别未捕获的价值旨在触发新价值机会的发现，从而导致商业模式创新。[4] 商业模式创新是创造新价值主张、价值传递

---

　　① Kandiah G., Gossain S., "Reinventing Value: The New Business Ecosystem", *Strategy & Leadership*, No. 5, 1998.

　　② Moore J. F., "The Rise of a New Corporate Form", *Washington Quarterly*, No. 1, 1998.

　　③ Lee C. S., "An Analytical Framework for Evaluating E - commerce Business Models and Strategies", *Internet Research*, No. 4, 2001.

　　④ Yang M., Evans S., et al., "Value Uncaptured Perspective for Sustainable Business Model Innovation", *Journal of Cleaner Production*, No. 140, 2017.

和价值获取的系统，以产生卓越的经济价值。[①] 商业模式不是战略，而是构成战略的核心和驱动因素，也是在组织内部及跨越其商业生态系统解决、理解和有效传达战略的关键。[②] 佐特和阿米特（2013）认为商业模式和商业生态系统两个概念都超越了焦点公司的界限，为了正确理解商业如何创造价值，需要系统地强调焦点企业与第三方之间的相互依存和互补性关系。[③] 现存的商业模式模板和框架足以检验单个当前组织面临的挑战，但不太适合分析企业成长和成功的相依性。即不同的企业在同一个创新生态系统中不断演化。[④] 因而，有必要去洞察商业模式和商业生态系统的交叉视域：两者的共同演化。

第一节　共演案例：大士茶亭

一个企业选择什么样的商业生态系统，或在一个特定的商业生态系统中选择什么样的活动策略，关系到企业的生存和发展。初创企业"大士茶亭"的成长给我们提供了洞察商业生态系统和商业模式共同演化的一些启发。

2012 年的一天，南京 80 后小葛成功注册"大士茶亭"商标，

---

① Baldassarre B. , Calabretta G. , et al. , "Bridging Sustainable Business Model Innovation and User-driven Innovation: A Process for Sustainable Value Proposition Design", *Journal of Cleaner Production*, No. 147, 2017.

② Carayannis E. G. , Sindakis S. , Walter C. , "Business Model Innovation as Lever of Organizational Sustainability", *The Journal of Technology Transfer*, No. 1, 2015.

③ Zott C. , Amit R. , "The Business Model: A Theoretically Anchored Robust Construct for Strategic Analysis", *Strategic Organization*, No. 4, 2013.

④ Weiller C. , Neely A. , "Business Model Design in an Ecosystem Context", *University of Cambridge Working Papers*. Cambridge, UK: Cambridge Service Alliance. , 2013.

不经意间被多家地方媒体报道，热议通过注册商标来保护南京正逐步消失的老地名的喜与忧。大士茶亭原来是南京水西门大街的一个旧时名称。明朝时，南京水西门大街一带是非常繁荣的码头，一个名曰"大士"的出家人云游来此，顿生善心，做成一个小凉亭，供来玩之人免费喝茶歇脚。后人为感谢这位出家人善举，随后将这个地方命名为"大士茶亭"。对于老地名的消失，小葛给出一个新的思路，通过商标保护和创业，来让这个老地名获得一个很好的传承。如今的大士茶亭，坐落于南京 1865 创意产业园凡德艺术街区，也就是 1865 年李鸿章主事的金陵兵工厂所在地，是一家以中国茶道为基础的体验式高级茶道具专营店。

一、大士茶亭创业背景

小葛的创业起步于一家私房菜饭馆。2004 年，有着在外地做厨师经历的小葛怀着对创业的一腔热血回到南京，在水西门开了一家经营私房菜的小饭店，颇有些超前思维，每天的营业额也有2000 元，在当时还算是不错的业绩。小葛是独生子女，非常孝顺，自己做餐饮，其父母免不了要做帮手，实在不忍心父母过于操劳辛苦，小葛于是萌生了转行的念头。在开饭店的日子里，小葛习惯于以茶待客，一来二去，爱上了喝茶，穿梭于茶市。2006 年，一个偶然的机会，他发现南京有一个正大茶城正在招商，便抱着试试看的态度前去洽谈。小葛回想起当时的经历，说道："现在想来，当时胆子还是挺大的，自己没有从事过这个行业，就跟别人去谈，结果在当天就敲定了"。小葛在正大茶城租了一个门面，开始从事茶叶销售，也慢慢从一个茶文化的门外汉成长为内行人。他渐渐发现，在国际上的茶展中，煮茶用的器具都是日本铁壶。他敏锐地意识到，除了茶叶之外，煮茶器具这一块细分市场正受到茶客的重视。于是，他独家代理了一个日本铁壶厂的品牌，在自己的茶叶店里卖起了铁壶。随着对南京市场的深入考察，小葛做出了一个更超前的决定，他决心不再销售茶叶，孤注一掷专门做铁壶销售。小葛说："当时呢，我就坚信一个道理，大家喝茶要往深度里去。未来一定会是这样的一个趋势，大家一定会越来越考究。所以当时我就下定决心，往这方面深入研究。当时身边的朋友和家里人也提过很多的反对意见，但是我还是坚持自己的想法。"

2011 年，小葛花费 100 万元租下南京 1865 创意园区的一间门面，其商业生态系统有了变化。2012 年，成功将"大士茶亭"注册为商标，小葛让老地名延续生命，力求打造一个以铁壶为主的茶文化体验馆。当前，在大士茶亭已快速成长为一个极富活力的传统文化艺术空间。自 2012 年以来，小葛就在不断思考、感悟星巴克的创业经历。与星巴克类似，大士茶亭将自己定位为独立于家庭、工作室以外的"第三空间"。"第三空间"概念的落脚点是"您的邻居，是家庭客厅的延伸、风格清新时尚的社交场所、工作和家庭之外的第三个最佳去处。"人们在大士茶亭喝茶的同时，也买到了时下中国非常需要的一种体验、一种生活方式：一个可以振奋人心并重新思考的感性空间；一个让人感受到热忱及活力的随意性环境；独具设计感及优雅特质，并且相当友善及亲切；舒适温馨的感觉带来启发及惊喜、便利；与社区融合的随意性空间，一个悠闲交流的聚会场所。小葛说："大士茶亭的定位很符合当下城市生活消费者的需求。未来大家逛街累了找个舒服的地方休息，就来大士茶亭；三五好友找个温馨的地方小聚，就来大士茶亭；有小规模的商务洽谈需要一个场地，就来大士茶亭"。

二、商业经营的变化

2012～2018 年，大士茶亭商业的变化可以区分成三种类型：实物型、服务型和平台型（如图 4-1 所示），其商业价值在不断提升。但是，应注意到驱动着大士茶亭商业的变化是其商业模式和商业生态系统的变化。

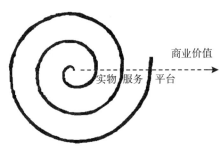

图 4-1 大士茶亭商业的演化

1. 实物经营

大士茶亭一开始经营壶和茶。在南京销售茶叶和器具的有很多，但小葛却独具慧眼，专业销售当代品牌铁壶。一把好的铁壶具有其雕塑、绘画、书法、镶嵌工艺等于一身的完美，俨然是用浮雕形式来演绎的中国画。铁壶使得大士茶亭在竞争激烈的南京市场中脱颖而出，无形中成为茶文化产业中的一面金字招牌。大士茶亭的私房好茶，经铁壶烹煮，氤氲飘香、清亮透彻，让茶客们如痴如醉。

大士茶亭销售的铁壶大致分为四类，价格有所区分：低档铁壶1000 元以内；中档铁壶 3000 元左右；高档铁壶 8000～20000 元；老铁壶 10000 元起。"我是一个艰苦的创业者"，小葛自嘲地说，他理解创业者的种种不易，当然，也清楚商务馈赠是常有的事。创业者的汽车后备厢中常常备有一些能体现出主人的用心和具有人情关怀的简单礼品。为此，小葛针对创业者的需求量身定做小批量文化伴手礼，品质高、包装精致、拿得出手且单价亲民。而且，小葛还想到帮助创业者们做品牌输出，可以提供在伴手礼加印顾客企业商标服务，使得创业者商务馈赠的同时进行品牌传播。小葛说，我们这种小企业，文化伴手礼品类不能太多，专注打造 8～10 件文化伴手礼精品，包括精品私房茶、精品茶器、香道器物、书房雅件等。不仅线下实体销售，还加入了互联网＋的行列，除了网上商店，还尝试营销新模式："大士微拍"。小葛建立了一套微拍程序和佣金抽取规则，线上微拍已经是大士茶亭的一项常规活动。小葛说，不是每一件事都能成功，或者马上就能成功，大士茶亭淘宝店远没有达到理想的目标。2013 年小葛注册了大士茶亭微信公众号，传播茶文化理念、传承与分享轻贵的生活态度。大士茶亭的员工自觉地每天通过微信朋友圈推送大士茶亭的文化商品以及中国传统文化。

2. 服务经营

2013 年后，小葛开始琢磨下午茶，定价为每位 28 元。小葛说，清闲的午后，一个人在大士茶亭给自己沏杯茶，独自品着茶香，赏着壶翰，很放松地享受时光，是不是一桩乐事？或是三五故人知己，用着百年老铁壶煮着好水，就着茶香，天马行空，胡吹乱侃，一切随意，是不是浮生的趣味？2015 年，大士茶亭为顾客私家定制茶席提供 4 款产品体验："悠闲会友"68 元，包括古树普洱 1 泡、农夫山泉 1 桶、海南沉香 1 支；"浮生自在"98 元，包括金丝滇红 1 泡、阿尔山矿泉水 1 桶、达拉干沉香 2 支；"品茗悟道"188 元，包括武夷岩茶 1 泡、野赤甘 1 泡、海南火山岩 2 桶、越南红土沉香 2 支；"天地逍遥" 298 元，包括冻顶乌龙茶 1 泡、十三年老白茶 1 泡、巴马丽琅 2 桶、野生海南沉香粉 1 炉。每一款产品，都设计相应的产品内容和捆绑的子产品组合。为了给茶客提供一场穿越时空的完美邂逅，提供老铁壶、纯手工银壶、顶级茶道具配件、单价过万元的晓芳窑以及问鼎汝窑茶盏、来自世界各地顶级山泉水、上等沉香、各类私家定制茶，为茶客呈现极致奢华的体验。

玩茶具，是抓住了茶道精神的物相；久而久之，开始关心环境氛围、饮茶体验，就进入了境相；而最后会感知到内在心灵的变化和净化，这升华到心相。小葛认为从茶具茶叶的提供商到茶文化服务的提供商，大士茶亭完成了商业的一次跃迁，大士茶亭从一家铁壶专营店变身为南京一家专业的茶道艺术体验基地。2015 年，大士茶亭主导推广新茶道美学，即一场现代文化生活美学的传播活动，吸引了大量热爱中国传统文化、用心推动文化产业发展的机构或个人的参与，涵盖红木、沉香、字画、古玩、古琴、园艺、花道、珠宝、奇石、瓷器、茶道主题餐厅、艺术家工作室、私人茶空间等各种各样的业态。参茶和参禅，在一定程度上有相似之处，喝茶也有拿起和放下，我们去参与这种传统，伴着草木流水，成为自然而然的美。新茶道美学也是如此，它是一种中式现代生活美学，我们希望把它渐渐培养成为文化自信，而不在浅显的形式上去过多地标榜。

为了推广新茶道美学，大士茶亭推出私人茶会定制服务，其价值主张是"避开俗世纷扰，与知己们把盏言欢"。大士茶亭私人茶会包括三个项目：知音茶会、逍遥茶会和尊荣茶会。6000 元的知音茶会，其价值主张是"高山流水会知音，一抹沉香慰浮生"，包括香道表演，古琴，茶道美学交流，解说茶文化的起源与发展、香道、花道等传统文化，并有多种现场互动。9000 元的逍遥茶会，其价值主张是"让我们一起做一场崇古的清梦，大士茶亭陪您穿越古今"，在知音茶会项目的基础上，另外邀请著名书法家出席茶会，并现场书字画一副。12000元的尊荣茶会，其价值主张是"金陵城内最顶级，最风雅，最尊荣的茶会"，包含了逍遥茶会项目的所有内容，并会邀请神秘嘉宾一位出席活动，而且全程配置s级奔驰接送。小葛帮助那些想成为高品位的且想给员工或客户提供独特体验的文化活动的老板、想在活动中彰显自己品位的公司，提供一个与众不同的茶会，让老板和员工们体验一场前所未有的视觉、触觉、味觉的殿堂级茶文化盛宴。

小葛推广新茶道美学的另一个重要手段是"国E学堂"，打造一站式文艺学习平台：茶道课、花道课、香道课、书法课、中医养生课、古琴课、太极养生课等。全部课程以体验式教学为主，将理论与实践相结合，让研修者在学习过程中，真正领悟到国学文化的魅力。在这里，研修者不仅可以学到知识，提升个人素养和气质，还可以结交社会各界精英。让更多的人在抚琴、品茗、插花、挥毫中发现生活中别样的美，弘扬中国的传统文化。除了体验课，国E学堂还开设基础课和高级课，服务内容和服务价格依次递升，如书法基础课，共8个课时，每次2个课时，共4次课，国E学堂内训价为2280元。

每一个高级茶人，对于自己拥有的茶器都会分外珍惜。每一次地使用、把玩，都像是一次人与器之间的对话。时间越久，感情越深。可是，时间一长，这些茶器在使用的过程中难免会出现一些损伤。因此，小葛将大士茶亭变成一个专业的"茶器4S店"，精心为顾客养护、修缮每一件茶道具。采用专业的工具，由专业的人员，按照专业的步骤手法，来帮高级茶人保养和维修茶器。

大士茶亭还可以开展很多其他活动："雅室微展"，连展带销，如茶挂艺术展、"石来运转"案头石展销；"茶歇服务"，为企业活动、发布会、沙龙等提供专业的茶水服务，自带高规格的茶道具装备，提升整个活动的文化调性；"文化定制活动"，为企业定制以文化为主题的活动、员工培训、沙龙等；"活动策划"，为企业策划以文化为主题专场活动，例如客户答谢会；"雅室设计"，为南京的新房子提供文化空间设计；"置物空间"，为一些玩家闲置的文化商品提供一个交流、转手置换的场所。

3. 平台经营

随着互联网的发展，电子商务逐渐红火了起来。很多人纷纷投向淘宝店，因为最大的好处就是运营和管理成本很低，需要的人力物力都很少。尤其是对于新创小企业来说，这也是一个不可多得的机会。小葛似乎看到了希望，于是也跟风开了个淘宝店。刚开始由于网店的知名度不高，收益还是不理想。但随着口碑和客户的积累，网店的生意逐渐好转，生意最好的时候，一天可以卖出一二十个铁壶，收入几十万元。商业的小算盘要不停地盘算着，因为不知道行业什么时候会发生变化。小葛的淘宝店就是这样，原以为销售增长势如破竹，没想到大量仿制品的出现破坏了淘宝的文化和规则。从商业的视角上出发，一家独大便成为众矢之的。制造厂商蜂拥而起，大家都开始卖铁壶，并且价格低廉，给小葛带来了很大冲击，铁壶从几千块的身价跌到了谷底。在电商行业中，小葛也尝到了一点甜头。但所在行业的规则发生了变化，如果商业保持不变，就很难适应新的规则。这段开淘宝店的经历使小葛意识到了这一点。由于转型不够快，这个市场很快就被人抢占了。

大士茶亭是南京的一处雅室，但小葛的目光没有仅仅局限于在自己的200平方米，而是放到南京那些许许多多类似于大士茶亭的文化空间，如茶楼、画廊、艺术家的工作室、古琴馆、沉香馆等。2016年4月，小葛启动"去雅室平台"服务，着力捏合、连接文化消费者和南京众多有特色的文化空间提供商，试图打造有国际影响力的中国传统文化交流平台、文化商品的生态系统。2016 年 10 月，他入驻平台的文化空间，在地理区域上被切割成 12 个板块，总数几十家。如果说新茶道美学是小葛发起的一次文化聚会，那么去雅室平台就是小葛请大家喝茶的聚会场地。小葛说："去雅室平台整合了南京各处具有代表性的且较为雅致的传统文化机构，平台上的联盟企业共同连接成了一张南京的风雅地图，南京线下最文艺的社交圈"。做去雅室平台项目，小葛是寻找到一些支撑依据的。他通过十多年对文化创业者的研究发现，每一个城市都有很多地理位置很好、环境很好的文化空间，但经营并不是特别好。事实上，这些文化空间，有文化品味的人喜欢去，相当多先前没有文化空间消费的人也乐意尝试体验，但是由于文化空间令一些人感知到"太高大上"，望而生畏，不敢进去。国人有经常喝喝茶、聊聊天的需求，这是社会的一个刚性需求。喝茶是中国人的一个"由头"，不仅是生理需要，更多的是交流的桥梁、方式，特别是对于商务人群。商务人群可以去普通的茶楼、咖啡馆消费，但次数多了，加上这些空间有点餐服务，显得嘈杂，商务人群不能满足需求。因此，一个相对安静、有调性的空间更适合商务人群聊天、洽谈业务。对于当前文化空间的提供方，典型的如一些拥有独特工作室的艺术家，存在四个方面痛点：一是耻于铜臭味，羞于谈生意，但骨子里还是想做生意；二是文人相轻，很难与其他人牵手合作，做传统文化，思维保守，沟通成本很高，导致很多做文化产业的人或机构孤芳自赏，常是一个人在"战斗"；三是因没有更多的消费群体、合作伙伴，文化空间品牌的传播存在困难，特别是一些环境设施很好的古琴馆只有几个学生，传播力不足；四是文化商业空间的运营成本高，如房租压力大、员工薪水高。小葛洞察出需方和供方两个方面都存在强烈的痛点，因此，判断借助于互联网的工具，做成一个云端共享的茶室、茶馆是非常可行的。

但是，谈到去雅室平台服务的当前进展，小葛心情有些复杂，没有说壶谈茶那般轻松。小葛说，在促推去雅室平台最初的几个月，他打算让顾客通过去雅室平台微信公众号，可以预约免费到平台上任何一家文化空间喝茶聊天。小葛以为免费就能吸引到文化消费者，尽管确实也吸引到一些客户，但是让有些潜在顾客怀疑这里面是否有猫腻；而且免费，也会让文化消费者感觉到去雅室平台无所谓，雅室空间消费的价值不足。去雅室平台商业刚开始走了一些弯路，而后小葛调整了商业，顾客通过雅室平台微信公众号选择一家文化空间聊聊天、喝喝茶，3～4人的基本消费为300元，在这300元中，平台抽取90元，空间的提供商抽取210元。平台抽取的90元中，佣金是45元，而另外的45元是文化礼品，如顾客设计的是一套茶具盒子，内含四个小茶碗，顾客消费后可以自带回去继续玩茶，也有助于普及推广茶文化。

但是更糟糕的是，2017年初，因为大众点评能够提供大量的顾客流量支持，去雅室平台中加盟企业纷纷进驻大众点评，去雅室平台服务处于停摆。小葛说："虽然去雅室平台经历了一些失败和困难，但我在此期间走访了很多文化空间，收获了大量的文化资源和广泛认同，特别是看清楚了前景，在产品制作上更加有经验"。

小葛发现自己的方向没有错，需要进一个拓展空间的数量和容量。小葛在战略上又做了一些调整。他发现与去雅室平台中的空间提供商的沟通成本太高，于是开始将主要精力转向建立大士茶亭旗舰店和社区店。其目标是在南京建立3～5家500～600平方米的大士茶亭旗舰店，同时通过众筹方式建立一些大士茶亭社区店。小葛初步设想是找到南京众多社区的一些茶室，同时为每一个乐于创立大士茶亭社区店的茶室找到一些具有一定资源并想要拥有一个文化空间的意见领袖作为投资人，与大士茶亭一起共同创建社区店，实现利益共享、共赢。小葛认为这个模式做好了，未来可以到移植到其他城市。

第二节 新价值牵引

通过大士茶亭的案例可以发现，大士茶亭的商业模式在很短的一段时间之内就发生了变化，支撑商业的各个活动以及活动者也发生了变化，因此其商业生态系统也发生了变化。当然，是商业模式的改变导致商业生态系统的改变，还是商业生态系统的改变导致商业模式的改变，我们只能根据具体的情境给出不同的答案，但是有一点很明确，大士茶亭的商业变化反映了其经营者对于新价值的追求。

一、商业价值的演化

商业生态系统、商业模式，随同平台、竞合、多边市场、网络、技术系统、供应链和价值网络等一系列相关想法，将人们的注意力集中到价值创造和价值捕获的新模式上来。[1] 协同学中的序参量是用来描述支配一个系统演化有效或无序程度的参量。商业生态系统中影响企业间竞争合作的序参量只有一个，那就是价值，体现商业生态系统活动运转的本质，而商业生态系统各个经济活动者依据价值序参量设计、调整各自的活动。[2] 基于自组织理论，任何商

---

① Adner R. , "Ecosystem as Structure: An Actionable Construct for Strategy", *Journal of Management*, No. 1, 2017.

② 赵湘莲：《商业生态系统的序参量探讨》，载于《经济与管理研究》，2006 年第 11 期。

业的成长、发展都会受到许许多多非线性、复杂因素的影响。当外部条件发生剧烈变化，如一种颠覆性技术出现，会使商业远离平衡的状态。商业通过学习机制，不断地与外界进行各种连接，交换物质与能量，使商业始终处于剧烈的动态变化之中，如图4-2所示。

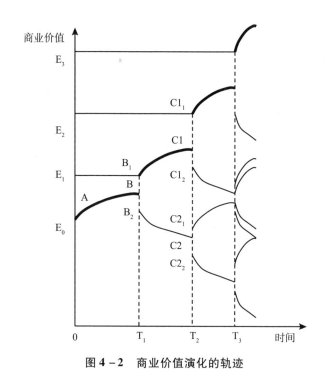

图4-2 商业价值演化的轨迹

商业在存续期间无时无刻地受到随机扰动因子（涨落）的影响。在商业处于平衡态时，外部的影响不会对商业内部系统起什么作用。因为这时由于商业是处于全开放性的，所以由此产生的这种平衡本身便是抵抗外界冲击的；当商业处于接近平衡态的线性非平衡区时，商业仍处于相对平衡状态，外部的涨落只会使商业系统受到微小冲击，使商业的平衡状态暂时偏离，如对商业不利的谣言。如果这种涨落不足以冲击商业本身的平衡状态，这种偏离就会不断

衰减直到消失，最后回到稳定的状态；当商业处于远离平衡态的非
线性区域时，这时商业中的一个微观随机的小振动，如法律法规等
变化对其发生作用时，就会通过相关作用得到放大，导致人员外流
增多，借贷困难，商业形象不佳等诸多问题，各因素的加总形成一
个整体的、宏观的"巨涨落"，使商业进入了不稳定状态。例如，
一个商业在 A 点开始运营，但是，商业从 A 点向 B 点演化，环境
会发生变迁、市场会发生漂移、商业自身也会出现不稳定的因素，
商业的生存状态会发生变动，商业通过学习不断调整行为。到达 B
点时，商业处于远离平衡的敏感期，某一个涨落或某几个涨落，得
到商业各个子系统的响应，涨落被放大成巨涨落，这时商业不会沿
着原来的轨迹演化，要开始突变，就会出现常见的两种情况：一种
情况是沿着 B_2C2 处演化，这时商业开始走向衰落，如冠生园、亚
细亚等中国"明星"商业的衰落似乎是因为某一个"偶然事件"；
第二种情况是商业针对内外具体情况加以调整，如缩减规模、减少
经营范围、增加科技投入、抵押贷款等，从而使商业得到了负熵的
输入，沿着 B_1C1 演化，商业的生存水平有了一个明显的跳跃，升
至 B_1，进入一个新的稳定的有序状态。可以看出，在 B 点涨落开
始起作用，商业处于发展的混沌期，但商业到底向哪个方向演化是
不确定的。不管怎样，度过 B 点，商业由第一代转变为第二代。
商业从 A 点发展到 B 点，是一代的发展，其幅度是微小的；从 B
点到 B_1 或 B_2 点的发展，是隔代的发展，其幅度是较大的。可见隔
代的发展是概率分布的，但商业对发展的期望值是向高点（B_1 点）
跃迁的，商业上升一个台阶。从这个台阶上演化到 C1 点，也是一
个混沌阶段，面临两种演化可能，随后进入第三代。从图 4 - 2 可
以看出随着商业换代，出现的可能情况越来越多。但是，商业进化
的期望值是向上跳变的，进化的幅度越来越大，进化的周期越来越
短，"AB B_1C1 $C1_1$……"轨迹可称为商业最优发展路线。

二、竞争新范式

技术创造价值，中间一定存在一个商业化过程，即商业模式这个中介。因此推动商业价值演变的直接力量是商业模式和商业生态系统的匹配与整合的动态性。如图4-3所示，任何一个商业组织或者非商业组织中的商业单元都需要将商业模式与商业生态系统进行匹配和整合，推动两者的共同演化，以便新价值的创造和获取，实现企业的可持续发展。商业生态系统取决于以价值主张为基础的、相互依赖的活动结构，这些活动是由多边合作伙伴协同完成。[1] 商业生态系统是影响焦点企业如何创造和获取价值的一个更广泛的企业网络。基于一个企业的商业生态系统发展的视角，焦点企业设计商业模式必须对其在价值链中的位置或者在生态系统中的功能做出有意识的决策。[2]

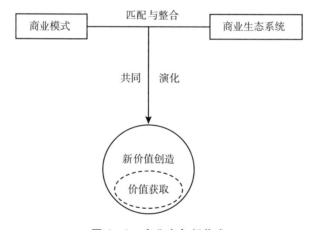

图4-3 商业竞争新范式

① Adner R. , "Ecosystem as Structure: An Actionable Construct for Strategy", *Journal of Management*, No.1, 2017.

② Weiller C. , Neely A. , "Business Model Design in an Eecosystem Context", *University of Cambridge Working Papers*, *Cambridge Service Alliance*, 2013.

　　基于波特的竞争战略与竞争优势理论，在一个相对稳定的产业结构中，注重品质管理、缩短周转时间、重构流程和加强团队工作等高效率运作的商业会获得竞争优势。然而，自20世纪90年代以来，互联网的产生、技术的趋同和数字化正剧烈改变着传统的产业结构，新的商业机会源源不断地涌现，商业处于一个快速变化的非连续性竞争图景中。全球化早已不再是一个概念，商业不得不在家门口响应全球化的挑战，不得不遵守全球化对质量、服务水平、安全、环保、知识产权和人才管理的标准。速度和革新成为获得竞争优势两大关键的因素。市场环境、技术环境和竞争环境的快速变化，对商业的应变能力要求越来越高。罗珉（2006）认为关于价值创造的基本逻辑已经开始改变，当价值的产生状态不再是价值链，而是复杂的价值星系（Value Constellation）时，新锐的商业领导人进行战略分析的重心已经不在商业，甚至不在产业，而在于构建整个价值创造机制和系统：（1）商业的目标会发生变化，商业与其注重为顾客提供价值，不如与顾客一起来共同创造价值；（2）能够包办一切的一体化商业正在走向衰亡，要想提供最吸引顾客的产品和服务，应将各种关系和经营系统重新排列组合，依靠公司本身、顾客、供应商、联盟、合作伙伴一起努力，共同创造价值；（3）创造价值的关键是动员顾客和合作伙伴甚至竞争对手的参与，并且竞争优势的唯一真正来源就在于构想出整个价值创造系统的能力。①

　　自然生物系统有几十亿年的进化史，现存生物具有高度的合理性和合目的性，因此，从生态系统中寻找商业经营管理的灵感和建立新的商业模式，是寻求长期发展的商业的一个必然选择。商业生

---

　　① 罗珉：《价值星系：理论解释与价值创造机制的构建》，载于《中国工业经济》，2006年第1期。

态系统概念的提出最早源于对商业间过度竞争的反思。[1] 商业生态系统是以组织和个人的相互作用为基础的经济共同体，组织和个人是商业生态系统中的有机体，商业本身、供应商、分销商、外包服务公司、融资机构、关键技术提供商、互补产品制造商、竞争对手、客户、监管机构、媒体和相关的政府机构等是生态系统中的物种。[2] 商业生态系统中商业与其他组织之间存在"共同演化"的关系，并不都是"你死我活"的斗争，即使如狼和鹿之间的捕食和被捕食的关系，也存在着共同演化：鹿为了生存必须比狼跑得快，鹿才能不被狼逮住，狼为了生存必须比鹿跑得快，狼才能逮住鹿，所以狼和鹿的存在使得相互变得更强壮。商业生态系统的思想改变了原来的游戏规则，商业竞争不再是个体公司之间的竞赛，而是商业生态系统之间的对抗。拓宽"鱼塘"，创造新市场比仅仅向市场销售重要。因此，建立一个相互依赖、相互学习、共同演化的商业生态系统，是商业持续发展的前提。商业生态系统观认为商业的界线是在一定程度上选择的结果，因而不拘泥于固定的商业界线，其商业观念的价值在于"可以用它来识别和培育成套的互相交织的关系，使之具有戏剧性利益的潜力"。[3] 为了效率和可持续性，商业生态系统的各个成员彼此之间必须相互依赖。[4] 在许多情境下，未必来自同一行业的不同商业是以一种互补关系或甚至依赖关系聚集为一体。生态系统隐喻提供了一个有趣的视角，即通过合作来实

① 楼园、韩福荣：《从自组织方法论角度看企业仿生研究》，载于《北京工业大学学报：社会科学版》，2004 年第 2 期。

② Moore J. F. , "Predators and Prey：A New Ecology of Competition", *Harvard business review*, No. 3, 1993.

③ Moore J. F. , "Business Ecosystems and the View from the Firm", *The Antitrust Bulletin*, No. 1, 2006.

④ Iansiti M. , Levien R. , *The Keystone Advantage：What the New Dynamics of Business Ecosystems Mean for Strategy, Innovation, and Sustainability*, Harvard Business Press, 2004.

现价值创造的观念。[1] 同样，阿德纳和卡普尔（2010）发现创新公司的成功往往取决于其环境中第三方所进行的活动。[2] 威廉姆森和迪迈耶（Williamson and De Meyer，2012）认为生态系统关系在决定未来竞争成功方面将变得越来越重要，存在四个理由：（1）面对不断增长的投资需求和成本增加的复杂性，许多公司正在寻求将重点放在为数不多的核心活动上。这使企业能够将资本支出用于配置核心流程上的最新技术，并专注于深化其核心竞争力。但是，顾客越来越需要更完整的解决方案，以复杂的、通常定制的、捆绑的方式将多种产品和服务集合在一起，因此，企业需要将更多的业务外包给合作伙伴并管理其与合作伙伴之间复杂的知识互动和交换关系。（2）许多商业活动的知识内容不断增加和大多数行业中知识工作者数量不断增加，这意味着活动链中商业互动涉及简单、标准化的物理接口将越来越少。相反，更复杂的知识需要在合作伙伴之间流动，责任的"灰色"界限需要被管理，以及商业过程中产生的知识产权需要主张。因此，构建和管理一个广泛生态系统成员间的正确关系集非常重要。（3）技术受制于不断增加的收入回报。企业的生态系统实力和影响力是其从增加回报潜力中获益能力的重要决定因素。当具有相当大网络效应的技术仍处于开发阶段并面临高度不确定性时，这可能更为重要。与传统的等级或分包关系相比，在生态系统中额外的不确定性通常可以通过合作伙伴共同开发和共同实验被更好地消化。生态系统的多样性也可以在创建解决方案时提供额外的创造力。（4）先进的信息和通信技术正在

[1]　Power T., Jerjian G., *Ecosystem*：*Living the 12 Principles of Networked Business*，Financial Times Management，2001.

[2]　Adner R., Kapoor R., *Value Creation in Innovation Ecosystems*：*How the Structure of Technological Interdependence Affects Firm Performance in New Technology Generations*，*Strategic Management Journal*，No. 3，2010.

促使商业生态系统可以整合多样化和日益全球化的资源去创造价值，且费用较低。①

　　商业模式包含众多组件，被描述成可让商业创造价值的逻辑和基本原理。佐特和阿米特（2010）将商业模式定义为"商业及其合作伙伴所执行的相互依赖的活动体系，以及这些活动间的相互连接机制"。② 企业和市场都是一种协调经济活动的机制，当企业可以实现成本节约，那么企业机制就是有效的。经济活动需要同步使用资本、劳动力和其他资源，如果这些在市场上交易太昂贵，则这些活动适合在企业机制下安排。如果企业机制下经济活动成本高，那必须进行市场交易。简而言之，在某些情况下，如果交易在公司而不是在市场中进行，其成本会降低。为了价值创造和价值获取，降低市场上短期合约的成本是盈利性公司的最终目标。通过排除在其边界内形成价格，商业创造了一个长期协议将投入从一个组织层级转移到另一个层级，同时最大限度地减少与市场上独立代理商的生产过程所连接的交易。然而，在价值捕获发生之前，必须创造价值，这需要一个对未来需求和投资资本的复杂预测，以此来推动导致产出的生产过程。③ 现有文献已经大量研究商业模式、商业生态系统对价值创造与价值获取的影响机制，但迄今为止，将商业生态系统与商业模式匹配整合的研究还落后于现实实践的需要。

---

　　① Williamson P. J., De Meyer A., "Ecosystem Advantage: How to Successfully Harness the Power of Partners", *California Management Review*, No. 1, 2012.

　　② Zott C., Amit R., "Business Model Design: An Activity System Perspective", *Long Range Planning*, No. 2 – 3, 2010.

　　③ Agafonow A., "Value Creation, Value Capture, and Value Devolution: Where do Social Enterprises Stand?", *Administration & Society*, No. 8, 2015.

第三节 共演机制与维度

从商业生态系统的角度来看，任何组织不是在真空中运作，不会有足够的资源来应对不断变化的商业环境。为了获取商业模式创新带来的市场机会，成功的企业是通过汇集资源、合作伙伴、供应商、顾客和其他经济活动者来创建合作网络而取得快速有效的发展。通过构建一个商业生态系统，为每个参与成员分配其资源，如知识、专长和资本等，合作竞争提供新产品和服务，满足客户需求并融入未来的创新。各个组织可以与商业共同体中的其他主要参与者一起共同塑造新的顾客价值主张、共创价值，并开发新的商业模式。[1] 一个企业创造生态系统优势，需要掌握六个密钥：（1）创造附加值；（2）构建差异化合作伙伴角色；（3）刺激互补合作伙伴投资；（4）降低交易成本；（5）可以通过学习和共同学习演化的柔性结构；（6）构建有效价值获取机制。[2]

一、共演机制

基于上述分析，我们构建出一个商业模式与生态系统共演机制模型（简称共演机制），如图4-4所示。共演机制模型表达三层主要意思：（1）焦点企业的商业生态系统一定与焦点企业的特性

---

[1] Voelpel S. C., Leibold M., Tekie E. B., "The Wheel of Business Model Reinvention: How to Reshape Your Business Model to Leapfrog Competitors", *Journal of Change Management*, No. 3, 2004.

[2] Williamson P. J., De Meyer A., "Ecosystem Advantage: How to Successfully Harness the Power of Partners", *California Management Review*, No. 1, 2012.

有关，例如，焦点企业是在位企业还是新创企业，是传统产业的企业还是新兴产业的企业，是行业主动企业还是产业生态位企业。不同特性的企业构建或嵌入的商业生态系统的结构、内容和功能是不一样的。（2）一个企业包含多个商业单元，企业整体的商业模式、各个商业单元的商业模式之间既有区别又有联系。[①]（3）焦点企业的商业生态系统与其他企业的商业生态系统存在关联，焦点企业的商业模式与其他的商业模式也存在关联，这是一种复杂性关系。

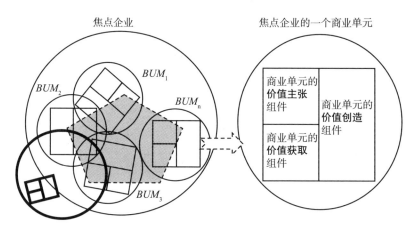

图 4 - 4　共演机制模型

注：方框表示商业模式或其组件。BUM_1、BUM_2、BUM_3、BUM_n 分别表示第 1 个、第 2 个、第 3 个、第 n 个商业单元的商业模式；圆圈表示企业或者商业单元的商业生态系统。粗线条表示与焦点企业相对照的其他企业。图中的阴影虚线五边形表示焦点企业。

1. 商业生态系统与商业模式之间的相互作用

商业生态系统对于其中的一个经济活动者的商业模式创新活动而言，扮演着四种角色：（1）背景角色，即商业生态系统的动态

---

① Aspara J. , Lamberg J. A. , et al. , "Corporate Business Model Transformation and Inter-organizational Cognition: The Case of Nokia", *Long Range Planning*, No. 6, 2013.

变化是商业模式创新的环境；（2）嵌入角色，即商业生态系统中的部分要素变成了商业模式的构成要素；（3）赋能角色，即商业生态系统在商业模式创新能力上以及新商业模式功能上起到的赋能作用；（4）孕育角色，即商业生态系统演化孕育新的商业模式。

商业模式对于商业生态系统而言，扮演着两种角色：（1）选择者，即商业模式对于嵌入什么样的商业生态系统或者是否退出现有的商业生态系统有选择的权力；（2）塑造者，即焦点企业的商业模式可对商业生态系统的各个经济活动者和无机环境有目的地改造。

2. 企业层次与商业单元层次

一个企业可能只有一个商业单元，也可能拥有多个商业单元。产业动力正在发生巨大变化，为企业提供创造或破坏价值的新机会。无论规模有多大，单个企业都无法控制全产业价值链，相反，必须专注于其在市场中占据绝对优势的领域，成为专业化企业。波利等（Pohle et al., 2006）将商业组件（Business Component）视为构成专业化企业的模块化建筑模块，[①]每个组件包含五个维度：（1）商业目的维度，即一个组件可提供给其他组件的价值，是其在组织内存在的逻辑原因；（2）活动维度，即每个组件都进行相互排他性的活动，以实现其商业目的；（3）资源维度，即支持一个组件活动所需要资源，如人员、知识和资产；（4）治理维度，即活动和资源如何管理，作为独立实体每个组件都基于自己的治理模型进行管理；（5）与独立商业类似，每个商业组件都提供和接受商业服务。

---

① Pohle G., Korsten P., Ramamurthy S., "Component Business Models", *Innovative Approaches for Sustainable Growth*, No. 68, 2006.

基于结构主义方法，商业生态系统有四个基本要素，这些要素共同描述价值主张实现所需的活动和参与者的组合：（1）活动，指为实现价值主张而采取的不连续的行动。（2）活动者，是从事这些活动的实体。单个活动者可以进行多项活动；当然，多个活动者也可以进行同一项活动。（3）位置，指活动者在整个商业生态系统活动流程中所处的位置并描述谁向谁转移的特性。（4）链接，指跨越活动者的转移，转移的内容可能有所不同，包括物资、信息、影响力、资金等。[①] 商业生态系统可以从企业全局和商业单元两个视域观察。从全局来看，企业的商业生态系统包含了各个商业单元的商业生态系统，竞争形式不仅表现为企业各个单元商业生态系统的竞争，更体现在一个企业的商业生态系统与另一个企业商业生态系统之间的竞争。从商业单元层次来看，不同的商业单元有一个各自差别性的商业生态系统，动态反映不同企业各个商业单元的生存状态。由于各个商业单元在各自市场中的竞争地位也是有差别的，那么相应的竞争战略也会有所不同。

商业模式也可以从企业全局和商业单元两个视域观察。企业整体的商业模式是企业高管感知的企业如何创造价值的逻辑，重点关注企业的商业投资组合与价值创造间的关系。[②] 商业单元层次的商业模式是商业单元管理者的管理认知，即给定的商业单元如何定义和创造价值的逻辑，这种逻辑必然与市场环境以及企业内部的其他商业单元存在关联。因此，从理论逻辑上看，组织、商业单元和商业模式的关系，主要存在四个方面主张：（1）任何一个组织都可能有多个商业单元类别，每一个商业单元类别也是一个集合，可能

① Adner R.，"Ecosystem as Structure：An Actionable Construct for Strategy"，*Journal of Management*，No. 1，2017.

② Aspara J.，Lamberg J. A.，et al.，"Corporate Business Model Transformation and Inter-organizational Cognition：The Case of Nokia"，*Long Range Planning*，No. 6，2013.

包含多个密切相关的、服务于某个战略目标的商业单元；（2）每一个商业单元类别，组织都会设计和实施一个或多个商业模式；（3）任何组织的不同商业单元类别，也可能选择同样的商业模式；（4）不同组织的商业单元，也可能选择一个商业模式；（5）当一个企业组织只有一个主营商业单元，或者多个主营商业单元，但只采用一种商业模式时，企业商业单元的商业模式就等同于企业的商业模式。商业模式，不仅描述组织实践中做商业的方式或逻辑，而且也成为一个组织内部，以及不同组织之间共享的认知体系。这种认知体系剥离了具体组织做商业的初始环境和资源能力条件，因而可以被不同组织所使用、模仿、学习和创新。

每一个企业至少固有一个商业模式。良好的商业模式有助于企业创造价值和吸引投资，而不好的商业模式则会阻碍企业持续经营。商业模式服务于具有特定活动的商业单元。每一种商业单元，都有着特定的商业活动，也就必然对应某种商业模式。这就说明每个企业都有自己的商业模式，而且商业模式可能还不止一个。商业模式的核心维度是价值主张、价值创造和价值获取，而价值创造和价值获取活动系统往往需要超越特定组织的活动边界。商业模式被视为一种系统层面的可持续赚钱方式。商业模式类似于企业文化，企业有无设计，或者设计得是否合适，关系企业的可持续性和可扩展性。

3. PCC 结构

任何一个完整成型的商业模式解构成价值主张（Value Proposition）、价值创造（Value Creation）和价值获取（Value Capture）三个组件，简称 PCC 结构。正如蒂斯（2010）所言，"无论一个商业企业是何时建立的，它都要显性地或隐性地使用一个特别的商业模式，描述价值创造、价值传递和价值获取的设计或架构。"① 阿德纳（2017）基于结构主义方法，认为商业生态系统包括四个基本要素，这些要素共同描述价值主张实现所需的活动和参与者的组合：（1）活动，指为实现价值主张而采取的不连续的行动。（2）活动者，是从事这些活动的实体。单个活动者可以进行多项活动，当然，多个活动者也可以进行同一项活动。（3）位置，指活动者在整个商业生态系统活动流程所处的位置，并描述谁向谁转移的特性。（4）链接，指跨越活动者的转移，转移的内容可能有所不同，包括物资、信息、影响力、资金等。② 扬西蒂和莱维恩（2004）分析商业生态系统四种战略：核心型、支配主宰型、坐收其利型和生态位型，但分析的落脚点还是在于焦点企业的价值创造能力、价值获取能力以及两者之间的平衡。③

价值主张描述特定商业所创造的顾客价值，即在特定情景下由焦点企业及其合作伙伴共同提供的所有面向目标顾客的产品、服务和环境，旨在解决目标顾客的一个基本问题或有待完成的工作。④ 价值主张是顾客愿意与焦点企业建立关系的驱动力，定义顾客支付意愿的内容和特征，并代表着商业的身份。⑤ 它是商业最重要的组

---

① Teece D. J., "Business Models, Business Strategy and Innovation", *Long Range Planning*, No. 2 – 3, 2010.

② Adner R., "Ecosystem as Structure: An Actionable Construct for Strategy", Journal of Management, No. 1, 2017.

③ Iansiti M., Levien R., The Keystone Advantage: What the New Dynamics of Business Ecosystems Mean for Strategy, Innovation, and Sustainability, Harvard Business Press, 2004.

④ Johnson M. W., Christersen C. M., Kagermann H., "Reinventi Your Business Model", *Harvard Business Review*, No. 12, 2008.

⑤ Gambardellaa, Mcgahan A. M., "Business-model Innovation: General Purpose Technologies and Their Implications for Industry Structure", *Long Range Planning*, No. 2, 2010.

成部分，影响着顾客的支付意愿（Willingness to Pay）。[①] 焦点企业正确识别顾客问题和问题解决的情景，以及精确设计和创造的提供物是价值主张的最重要的部分。王化成和尹美群（2005）将顾客价值定义为顾客所感知的价值，而顾客感知的价值是指顾客对产品或服务价值的主观判断。[②] 从经济学的角度，顾客价值等同于顾客为一个产品或服务的支付意愿。如果产品的感知价值超越产品价值，则导致顾客价值增值；若产品成本低于其价格，则商业产生利润，即存在价值获取。无论什么时候商业产生利润，都是因为商业已经开展的活动和累积的资源驱动运营成本与收入间的楔子，即使得企业比对手更加有效率，从而降低总成本；或者使得企业比对手更加有效果，或价格更高或规模更大，从而增加商业收入。

价值创造是指可重复的、必要的和标准化的价值活动及其连接。[③] 此处"活动"被视为实现商业的目的或目标所需要的任何一方人力、实物和资本资源的参与。[④] 活动系统是将商业模式和商业生态系统理解为可操控实体的关键。在一个活动系统内，需要哪些角色，角色之间如何关联，谁将实际来完成活动，活动之间的连接规则以及活动的有效性都将被观察到。企业竞争优势依赖于比竞争对手创造更多的价值，而价值创造反过来又依赖于企业所处的商业

---

① Casadesus-masanell R., Ricart J. E., "From Strategy to Business Models and onto Tactics", *Long Range Planning*, No. 2, 2010.

② 王化成、尹美群：《价值链模式下价值创造的要素体系研究》，载于《管理世界》，2005 年第 5 期。

③ Cavalcante S. A., "Preparing for Business Model Change: The "Pre-stage" Finding", *Journal of Management & Governance*, No. 2, 2014.

④ Zott C., Amit R., "The Business Model: A Theoretically Anchored Robust Construct for Strategic Analysis", *Strategic Organization*, No. 4, 2013.

生态系统，价值创造的结构和序列影响价值获取竞争的结果。[1] 鲍曼和安布罗西尼（Bowman and Ambrosini，2000）认为价值的唯一源泉是嵌入产品和服务之中的异质性劳动，当这种劳动和其他资源一起被巧妙处置，那么价值就会被创造出来，并且价值获取是由经济行为者之间的权力所决定的。[2] 布兰登伯格和斯图尔特（Brandenburger and Stuart，1996）认为价值由垂直价值链上的商业与其供应商、购买者共同创造。[3] 基于价值链理论，马茨勒等（Matzler et al.，2013）将价值创造定义为商业为顾客所创造出来的利益。[4]

价值获取定义了焦点企业整个活动的货币化逻辑或模板。[5] 良好的商业不仅为顾客提供实质性的价值，而且还使焦点企业有可能通过收入的方式获得一定比例的价值。[6] 为了获取价值，焦点企业必须通盘考虑收入来源和成本结构两个因素，以使得商业活动可持续展开。胡珀斯等（Hoopes et al.，2003）提出 VPC 框架，其中 V 表示顾客价值（Value），P 表示价格（Price）或交换价值，C 表示销售方的生产成本（Cost），则 V－P 就是顾客消费剩余，P－C 表

① Adner R.，Kapoor R.，"Value Creation in Innovation Ecosystems：How the Structure of Technological Interdependence Affects Firm Performance in New Technology Generations"，*Strategic Management Journal*，No. 3，2010.

② Bowman C.，Ambrosini V.，"Value Creation Versus Value Capture：Towards a Coherent Definition of Value in Strategy"，*British Journal of Management*，No. 1，2000.

③ Brandenburger A. M.，Stuart Jr H. W.，"Value-based Business Strategy"，*Journal of Economics & Management Strategy*，No. 1，1996.

④ Matzler K.，Bailom F.，et al.，"Business Model Innovation：Coffee Triumphs for Nespresso"，*Journal of Business Strategy*，No. 2，2013.

⑤ Baden-fuller C.，Mangematin V.，"Business Models：A Challenging Agenda"，*Strategic Organization*，No. 4，2013.

⑥ Teece D. J.，"Business Models，Business Strategy and Innovation"，*Long Range Planning*，No. 2，2010.

示销售方获利。[①] 由于当前技术迅猛发展、知识对经济的影响作用更加突出、互联网物联网基础设施更加先进，影响 VPC 三个变量的因素更加复杂而且交织在一起。因此，商业创新存在三个基本方向：（1）商业没有改变产品或服务的价值，但通过一个新的价值创造系统，增加顾客感知利得，并降低提供物（产品＋服务）价格，则顾客和商业都可获得价值增值；（2）商业创新使得商业以一个更高的规格向顾客提供更高价值的产品与服务，导致顾客产生更高的感知利得，即一个新的价值创造架构允许一个更高的货币化；（3）顾客的实际获得利益减少，如提供一个简化版的产品，但如果相对于顾客利益减少，价格相对减少得更多，顾客价值增值仍会增加。商业可以通过增加顾客的感知利得或者通过降低供应商或伙伴的机会成本来创造价值，创造的总价值等于为全部利益相关者创造的价值之和。降低各环节成本，商业可以获得效率租金或李嘉图租金；而提升顾客的支付意愿，可以获得创新租金或熊彼特租金。总之，商业创新需要基于顾客、供应商、竞争者、合作伙伴等广泛连接的商业生态系统。

二、共演分析维度

共演分析维度是对商业模式与商业生态系统相互作用的影响因素和后果的综合性判断工具。商业单元的商业模式与商业生态系统共演效应可从四个维度去分析：角色维度、活动维度、空间维度和时间维度，且这四个维度共同决定共演整个效应，如图 4-5 所示。

---

① Hoopes D. G., Madsen T. L., Walker G., "Guest Editors' Introduction to the Special Issue: Why is there a Resource-based View? Toward a Theory of Competitive Heterogeneity", *Strategic Management Journal*, No. 10, 2003.

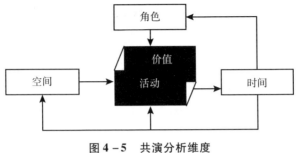

图 4 - 5 　共演分析维度

1. 角色维度

角色维度描述焦点企业在商业生态系统中所处的位置以及与其他成员之间的关系。从市场竞争地位的视角来看，同一行业中的企业可以分成四类：市场领导者（Market Leader）、市场挑战者（Market Challenger）、市场跟随者（Market Follower）和市场利基者（Market Niche Player）。扬西蒂和莱维恩（2004）将商业生态系统视为相互依赖的众多实体所构成的大型松散耦合的网络系统，基于网络成员的角色和地位，将商业生态系统中的各个物种分成三类：核心型（Keystone）、支配主宰型（Dominator）和生态位型（Niche）。① 核心型物种与商业生态系统高度相依，可以通过改变生态系统物种的品类和数量等方式提升系统的生产率和稳定性。相比核心型物种，支配主宰型物种规模较大，同时，不鼓励网络物种的多样性。生态位型物种只是占据商业生态系统中的一个或若干个生态位，总体数量大、细分品类多，但单个个体对于核心型物种、主宰型物种的影响有限。观察或者定位具体实体在商业生态系统中的角色，其重要目的在于理解该实体对于商业生态系统的价值主张、价值创造和价值获取方面的作用以及如何设计自身商业模式的

---

① Iansiti M., Levien R., *The Keystone Advantage*：*What the New Dynamics of Business Ecosystems Mean for Strategy*，*Innovation*，*and Sustainability*，Harvard Business Press，2004.

价值主张、价值创造和价值获取。

2. 活动与价值维度

活动维度描述焦点企业给定商业单元商业模式的特性。当然，商业生态系统和商业模式共演最终极、最直观的观察指标就是价值，活动和价值是一体两面，不可分割。商业模式是描绘商业经营方式的模板，其是由焦点公司管理者精心设计的，旨在最好地满足顾客需要。为了充分抓住市场机遇，焦点公司商业模式往往跨越公司及其行业界限。虽然是基于焦点公司，但商业模式设计是以市场为中心，不仅能够提高商业模式所有参与者的总体价值，而且使得焦点公司获取一定份额的商业模式所创造出的价值。商业模式可以通过效率水平（锚定交易成本经济学为基础）、新颖水平（凭借熊彼特创新）、互补水平（锚定资源基础理论）和锁定水平（战略网络所固有的）四个要素测评。[1]

3. 空间维度

空间维度描述焦点企业所构建或嵌入的商业生态系统对于其商业活动的赋能状况。扬西蒂和莱维恩（2004）认为对商业生态系统健康的评价就是评估系统在多大程度上能够持续地为内部成员以及依存于该系统的其他成员提供更多的有意义的发展机会，而这种机会对促进整个系统的创新、适应变化的环境以及持续发展至关重要。[2] 在此基础上他们提出了评价商业生态系统健康的三大指标：（1）稳健性，即一个商业生态系统应对困难挑战、自我康复成长

---

[1] Amit R., Zott C., "Value Creation in E – business", *Strategic Management Journal*, No. 6 – 7, 2001.

[2] Iansiti M., Levien R., *The Keystone Advantage*: *What the New Dynamics of Business Ecosystems Mean for Strategy, Innovation, and Sustainability*, Harvard Business Press, 2004.

的能力；（2）生产率，即一个商业生态系统将投入转化为输出的效率；（3）创新性，即创造有意义的、多样化生态位的能力以及应对随之而来的新局面的能力。阿特尔等（Den Hartigh et al.，2006）根据扬西蒂和莱维恩提出的商业生态系统健康三大指标在系统网络和单个企业两个层面分别设计二级指标测评。[①] 李玉琼（2007）从生态学角度出发对商业生态系统的健康问题进行了探析，通过分析商业生态系统的结构（组织结构和空间结构）、功能（生态功能和服务功能）、适应能力（弹性）和社会价值来研究企业生态系统的综合特性，以判断它们的健康状况。[②] 商业生态系统是否健康，主要从对环境的适应能力、复原能力、协同能力、信息共享能力和创新能力五个方面进行衡量。

4. 时间维度

时间维度反映该商业单元和整个企业的可持续性和可扩展性。不管是特定商业、商业模式，还是商业生态系统，都存在一个生命周期。商业生态系统的可持续性依赖于物种的推陈出新；企业的可持续性依赖于其商业单元的推陈出新；商业单元的可持续性依赖于其商业模式的推陈出新。谷鸣和程通（2008）将商业生态系统健康定义为商业生态系统处于良好的运作状态；而处于健康状态的系统是具有稳定性和持续性的，也就是说具有维持其组织结构、自我调节和对胁迫的适应能力。[③] 在此基础上，根据自然生态系统的健康指标，他们提出了商业生态系统健康指标，即活力、组织和弹

---

① Den Hartigh E., Tol M., Visscher W., *The Health Measurement of a Business Ecosystem*, Proceedings of the European Network on Chaos and Complexity Research and Management Practice Meeting, 2006.

② 李玉琼：《企业生态系统健康诊断探析》，载于《当代财经》，2007 年第 9 期。

③ 谷鸣、程通：《企业生态系统评价体系探析》，载于《商业时代》，2008 年第 33 期。

性。李爱玉（2011）提出健康商业生态系统的两大指标：（1）稳定性，即有完善的内在防御机制，能够快速对抗外界环境变化，包括活力、组织结构和恢复力；（2）可持续性，即系统能够不断挖掘内在潜力，实现可持续发展，包括生产率、生命力和缝隙空间创造力。①

三、共演的关键议题

然而，与商业模式不同，商业生态系统不是锚定于焦点企业。不同企业可以共处同一个商业生态系统，但可以采用差异很大的两种商业模式。这种洞察力可以激发研究商业模式和商业生态系统的交叉点，例如，商业如何调整商业模式以适应不断演变的商业生态系统，商业模式与商业生态系统如何匹配以及如何定义这种匹配关系？商业模式设计需要整体分析焦点商业在商业生态系统中的生态位特征、形态，使得商业模式动态适应商业生态系统。②

1. 互补性与外部性议题

不管是商业模式、商业生态系统孤立的视角，还是将两者整合与匹配，商业经营都需要考虑网络的外部性和互补性。网络外部性对于具体的单个企业而言，有积极作用，也有消极作用，需要善加利用和控制。顾客需要千变万化、技术突飞猛进、新规则不断被采用，商业生存图景已经发生的变化和尚未到来的巨大变化相比显得微不足道，因此，在商海骤变和拉锯式的竞争中许多企业未能坚持

① 李爱玉：《健康商业生态系统的评价量化模型》，载于《华北水利水电学院学报》，2011 年第 1 期。

② 孙连才、王宗军：《基于动态能力理论的商业生态系统下企业商业模式指标评价体系》，载于《管理世界》，2011 年第 5 期。

下来。究其原因，德赫斯（1998）认为"有确凿的证据表明，许多公司的失败，是由于它们的管理者过分拘泥于生产和服务行为，忘记了他们所在的公司组织的真正本质是人类社区"。① 企业应被视为有生命的实体。商业生态系统是以相互作用的组织和个体为基础的经济社区。随着时间的推移，社区中的不同组织和个体都共同发展自身能力和提升自己的价值，并倾向于按一个或多个中心商业指引的方向发展自己。现代企业在快速多变的复杂环境中生存，其长期发展已经不是单个企业所能够左右与控制的事情。越来越多的事实表明，现代企业是与其相关企业、供应商、顾客、社会组织、公众以及自然环境等共同成长的。也就是说，所有商业与组织都应将自己看作是社会商业生态系统的组成部分。

李海舰和郭树民（2008）认为现代商业竞争，不仅是单体商业之间的竞争，更是商业生态系统之间的竞争，我国商业发展必须实现从经营单个商业向经营价值网络转变。② 在多数产业中，相互竞争的商业都不约而同地局限于某个产业内的产品和服务项目，然而互补的产品和服务，事实上，超越了传统产业的边界。正确的互补品革新可以帮助核心商业更好地打败竞争对手。

商业生态系统竞争方式强化了核心商业的作用和影响力。③ 扬西蒂和莱维恩（2004）认为商业生态系统的核心商业是指那些能为系统提供核心产品与服务，具有一种或数种能够为最终消费者带来巨大价值或消费者剩余的核心能力，在系统中居领导地位的商

---

① 阿里·德赫斯：《长寿公司》，经济日报出版社1998年版。
② 李海舰、郭树民：《从经营商业到经营社会——从经营社会的视角经营商业》，载于《中国工业经济》，2008年第5期。
③ 范保群：《商业生态系统竞争方式及其启示》，载于《商业经济与管理》，2005年第11期。

业。[①] 核心商业在商业生态系统中虽然只占很小的一部分，但它们却通常能发挥全系统范围的影响力，它决定着整体系统的发展方向，可为系统提供一种行之有效的价值创造途径。核心商业作为商业生态系统的中枢，它必须为系统提供共享资产，找到行之有效的创造价值方法，以吸引参与者加入该生态系统中，并且保留住这些商业。在创造价值的基础上，核心商业为了使整个系统的竞争力提高，还必须与系统内其他成员商业共享所创造的价值，寻求竞争优势。传统的管理理论仅仅将注意力集中在商业内部的运营上，没有对如何管理大规模的商业网络提供多少见解。几乎所有健康的生态系统都可以通过某类核心商业所发挥的特定功能来反映；生态系统中其他成员的效率、创新性和生命力，也与这类核心商业的行为有着根本性的关联。优秀的网络核心商业不但能使庞大而分散的商业网络与顾客连接的难题化繁为简，而且通过为其他商业提供可资利用的平台，可以促进整个生态系统改进生产率、增强稳定性，并有效地激发创新。

不同商品能互相补充，共同满足消费者某种愿望或需求。波特（2001）认为大多数产业都在一定程度上受到互补产品的影响。[②] 所谓互补产品，是指买方配合产业的产品一起使用的产品，例如计算机的软件和硬件就是一组互补产品。互补品的概念表明，消费者仅仅消费单种商品是不能满足其需要的，例如，汽车与汽油，录像机与录像带，只有同时消费两种商品才能实现消费者的满足程度。加维尔和库苏麦诺（2007）认为互补产品是生产商生产的主要产品所必需的附加产品；互补品供应商指那些生产配套产品的公司，它们生产的配套

---

① Iansiti M., Levien R., "Strategy as Ecology", *Harvard Business Review*, No. 3, 2004.

② 迈克尔·波特著，陈小悦译：《竞争优势》，华夏出版社 2001 年版。

产品扩大了整个核心产品的市场价值。[①] 我们从商业生态系统中不同商业间的共生关系来理解互补产品，认为只要增加一种产品的供应或降低产品的价格，人们对另外一种产品的需求就会开始上升，前种产品就是后种产品的互补产品。与"互补产品"类似的称谓，如"互补品""补足品"等我们不做严格的区分。互补商业指那些与核心商业有着共同客户群，并直接向客户提供互补产品的独立公司。

核心产品在单独使用时价值有限，但当它与补足品一起协同工作，就可以获得很大的增值价值。当比较人们对相似产品的偏爱时，我们常常忘记产品是在同其他产品和服务的联系中发挥作用的。使用者偏爱的某种属性由这种产品在使用过程中是否能与其他产品相协调、使用所需的技巧以及它们相互作用的结果是否达到预期的要求来决定。当互补的产品发生改变，使用者或购买者也随之改变。一般而言，商业生态系统中核心商业推出核心产品，由消费者进行选择，而互补品供应商同时提供与之配套的技术和产品，并对互补产品的质量加以改进。当存在外部性时，互补产品质量的变化将直接影响消费者效用，及下一阶段中消费者对于互补产品的需求，从而影响用户对核心产品的需求，进而影响整个系统的发展。核心产品和互补产品之间的需求存在相互依赖性。核心产品的销售量越大，与之配套的互补产品的种类和数量也就越多，消费者使用核心产品所获得的价值就越大，因而更愿意购买。对于间接网络效应明显的产品而言，吸引配套厂商的加入和支持是至关重要的。提供更多的互补产品可以提高核心产品的价值，从而加深商业对用户的锁定程度。英特尔＋微软的联盟突破 IBM、苹果和摩托罗拉的封闭系统时，"Win-tel"作为一种早期开放平台的威力便显现出来。

---

① 安娜贝拉·加维尔、迈克尔·库苏麦诺：《平台领导》，广东经济出版社 2007 年版。

但当 Google 开放它的 Google 地图 API 接口，引发大规模"混搭"（Mashup）应用的诞生之后，"开放平台"有了新的含义，它特指能够把不同行业整合在一起的产生全新应用的技术平台。如今，几乎所有的信息技术、互联网巨头都不同程度地开放了自己的 API，朝着大规模写作时代的开放平台领导者方向发展。

　　核心商业通过整合上游和下游商业的参与，来完善其所在的生态链上的各个环节对系统中价值创造起到的拉动和推动作用。每个参与其中的厂商首先是价值网络中的一个结点，完善价值网络，实现价值链的优化组合和提升，整个组织作为一种联系密切的整体，共同参与外部大市场的竞争。这样，商业的优势得以整合，最终可以形成一种健全的商业生态系统，共同演化。从 MS—DOS 到 Windows，微软的大多数产品都不是最好的。至今还有不少人宣称，苹果公司的产品是最有个性的。尽管如此，微软还是牢牢地占据行业领导者的地位。究其原因，是因为微软为硬件制造商提供了一种可以立即得到的、好用的、并不昂贵的计算机语言，微软在开展操作系统业务时吸引了大量应用软件开发商为其操作系统开发应用程序，以此方式微软有效地提高了其产品对顾客的价值，从而获得产品的竞争优势。通过发现产品的互补性进而想办法把市场做大，而不是与竞争者争夺现有的市场，这也不失为一条营销的好思路。柯达公司在最初开辟胶卷市场时就没有急于动手，因为他们深知，要使新开发的胶卷在市场上迅速取得良好的销售业绩，是一件非常困难的事情。于是他们采用发展互补品的办法，率先开发出大众化相机，并宣布其他厂家可以仿制，从而推动了相机销售的热潮。相机数量的急剧增长，自然给胶卷带来了广阔的市场，于是柯达公司乘机迅速推出胶卷，一时销路遍及全球。这样，柯达公司就通过开发互补品市场的迂回道路，实现了开发胶卷市场的初衷。在 20 世纪 80 年代早期，市场上有 3 种 VCR 格式：索尼公司的 Betamax 系统、飞利浦的 Video2000 系统，以及日本 JVC 公司的 VHS 系统，虽然多数专家都更看好技术领先的索尼公司的 Betamax 系统和飞利浦公司的 Viedeo2000 系统，但最终 JVC 公司的 VHS 系统却取得胜利，原因在于 JVC 公司的 VHS 系统在市场上有丰富的互补产品，即录像片资源。

核心产品是商业在优胜劣汰的市场竞争和商业内部竞争选择的结果，因此它与商业所拥有的资源和能力是相互适应的。做好核心产品，是每个商业成长的关键。消费者需要的是由核心产品和多种互补产品所组成一整套技术体系日趋复杂服务和解决方案，任何个别商业都难以直接控制这个体系中的所有部分。商业必须全面了解他们所依赖的是哪些互补品，以及这些产品是如何影响商业的竞争优势和整个产品结构的。核心商业有所为有所不为，才会赢得更多的商业伙伴。英特尔和微软或许是互补商业的典范。有资料表明，全球大约 80% 的个人电脑采用的是英特尔的处理器，超过 90% 的个人电脑预装了微软的 Windows 操作系统。微软和英特尔公司通过操作系统和逻辑芯片形成的 Win-telI 联盟合作也驱动 IBM 公司成为个人电脑市场的龙头。当越来越多的公司专注于自己具有独立优势的领域，而且越来越依赖第三方为客户提供完整的解决方案时，同互补商业建立良好的战略关系就显得尤为重要。处理与互补产品的关系，应该采取竞合战略，即有机融合并且灵活运用竞争与合作这两种行为，以充分发挥竞争与合作优势，提升商业绩效的行为。竞合战略有机融合竞争与合作这两种行为，吸取二者的优点，增强商业战略的灵活性，而这种灵活性又有助于商业摒弃单纯竞争与合作所固有的缺陷。出于优势资源互补、降低成本、分摊风险、规模经济等战略角度的考虑，越来越多的商业与相关的各方不是简单的竞争或合作，而是既竞争又合作，谋求系统的共同演化。2002 年丰田整车项目在天津开发区的落户，由于汽车产业的关联度较强，涉及 2 万多个产品，丰田的进入，带动了 79 家汽车相关项目及配套厂商先后聚集天津，其中45家商业为丰田做配套，形成了一个围绕丰田的大批配套商业的汽车商业生态系统。在多数产业中，相互竞争的商业都不约而同地局限于产业自身的产品和服务项目，然而突破传统产业的边界去定位互补的产品和服务，正确进行互补品革新可以帮助核心商业更好地打败竞争对手。我们从商业生态系统的角度，思考核心商业与互补商业间的共同生存和共同演化，能够更好地识别不同商业之间必然存在相互依存关系，从而有助于核心商业获得有形利益和无形利益的潜在机会。

2. 创新议题

大量企业在一个庞大的商业生态系统内承担着不同角色，商业模式创新存在一些障碍，如：（1）外在无形环境，国家政策环境是一个重要作用力，《旅游法》的实施使得大批靠低价运营并依靠佣金、回扣等商业模式的旅行社生存艰难；（2）有形网络，特别是波特的五力要素对商业的作用力较大；（3）企业家个人经验、思维、心理、个性影响商业模式的意义构建。商业生态系统视角下商业模式创新需要依据商业生态系统理论原则，基于商业模式基本组件，遵循创新一般规律来进行。当然，还需考虑到：（1）商业模式创新的时机选择策略。若观察到五个战略境遇，通常需要改变商业模式：一是需要通过破坏性创新方能获取完全排除在市场之外的大量潜在的顾客群，因为现有的解决方案对顾客而言过于昂贵或过于复杂；二是抓住新的机会需要将新的技术加入新的模式中；三是机会聚焦在一个商业还不存在的、有待完成的工作（顾客需要）；四是需要避开廉价的破坏者；五是需要响应竞争基础的转移。[①] 当环境条件产生

---

① Johnson M. W., Christensen C. M., Kagermann H., "Reinventing Your Business Model", *Harvard Business Review*, No. 12, 2008.

变化，或是产生了在组件内部或是组件之间的恶性循环，这种耦合系统就很难维持了。在这种情况下，为了恢复性能而增量修改商业模式的元素会显得不足，公司本身可能需要彻底地改变商业模式。（2）商业模式创新需要进行实验与学习。虽然一些企业家在创办一个新企业时，已经有了清晰的规划好的模式，但是他们只有部分成型的模式和不完备的战略。当一个模式浮现时，实验过程是必要的，因为可行的商业模式可能还从来没出现过。企业家或许凭直觉可以创造一个新商业模式，但是不能够完整合理地思考和准确地描述，因此可能需要实验和学习。① （3） 商业模式创新需要领导者和正确领导。企业应确定内部领导者管理商业模式实验过程和结果以更新商业模式，促使各部门目标服从于企业整体目标、中层管理人员在实证数据的基础上做出决定和判断、企业文化找到容纳新模式的方法，以及在采用新模式之前保持当前商业模式的有效性。② 只有这样，商业模式创新才能帮助企业逃离原有商业模式"陷阱"，重新带来增长和利润。企业成功地转化商业模式并不容易，因为来自方方面面的惯性在捍卫现状，需要采用加速商业模式更新的领导行动议程。③

　　高端人才是商业生态系统和商业模式可持续性的关键因素，也是创新活动可以持续开展的关键因素。一个商业生态系统或商业模式能够聚集到大量的高端人才，迟早会创造出惊人的绩效；而缺少人才支撑的商业模式或商业生态系统，尽管当前的效益很好，但是用不了多久，就会被模仿、复制以及被自身效率低下所拖累而崩盘。

---

① Teece D. J., "Business Models, Business Strategy and Innovation", *Long Range Planning*, No. 2, 2010.

② Chesbrough H., "Business Model Innovation: Opportunities and Barriers", *Long Range Planning*, No. 2, 2010.

③ Doz Y. L., Kosonen M., "Embedding Strategic Agility: A Leadership Agenda for Accelerating Business Model Renewal", *Long Range Planning*, No. 2, 2010.

参 考 文 献

中文部分

[1] 阿里·德赫斯：《长寿公司》，经济日报出版社 1998 年版。

[2] 安娜贝拉·加维尔、迈克尔·库苏麦诺：《平台领导》，广东经济出版社 2007 年版。

[3] 波特：《竞争战略》，华夏出版社 2005 年版。

[4] 布里顿、拉萨利：《体验：从平凡到卓越的产品策略》，中信出版社 2003 年版。

[5] 蔡维钧：《企业的整体运作》，广东经济出版社 2004 年版。

[6] 陈雪梅：《中小企业集群的理论与实践》，经济科学出版社 2003 年版。

[7] 德赫斯：《长寿公司：商业"竞争风暴"中的生存方式》，经济日报出版社 1998 年版。

[8] 电子商务研究中心，http：//www. 100ec. cn/zt/sspjbg/。

[9] 董大海、权小妍、曲晓飞：《顾客价值及其构成》，载于《大连理工大学学报：社会科学版》，1999 年第 4 期。

[10] 董俊峰：《竞合谋变：银行与第三方支付的前世今生》，载于《第一财经日报》，2013 年 3 月 1 日版。

[11] 杜洪业、徐程扬：《森林生态系统中关键种与群落动态的关系研究进展》，载于《世界林业研究》，2012 年第 10 期。

[12] 杜玉申、陈丽壮：《利基企业商业生态系统战略研究》，载于《科技进步与对策》，2014 年第 18 期。

[13] 范保群：《商业生态系统竞争方式及其启示》，载于《商业经济与

管理》，2005 年第 11 期。

[14] 葛保明：《生态学中关键种研究综述》，载于《生态学杂志》，2004 年第 3 期。

[15] 龚明亮、禤宇明、傅小兰：《场景的一致性效应及其机制》，载于《生物化学与生物物理进展》，2011 年第 8 期。

[16] 谷鸣、程通：《企业生态系统评价体系探析》，载于《商业时代》，2008 年第 33 期。

[17] 郝身永：《"互联网＋"商业模式的多重竞争优势研究》，载于《经济问题探索》，2015 年第 9 期。

[18] 何丽野：《商业价值及其在当代马克思主义政治经济学中的意义——以"黄金光盘"为例》，载于《浙江社会科学》，2017 年第 6 期。

[19] 胡岗岚、卢向华、黄丽华：《电子商务生态系统及其演化路径》，载于《经济管理》，2009 年第 11 期。

[20] 姜锦忠、王刊良：《电子商务概论》，西安：西安交通大学出版社 2008 年版。

[21] 卡尔·马克思著，曾令先等译：《资本论》，江苏人民出版社 2011 年版。

[22] 李爱玉、倪飞：《我国中成药企业的商业生态系统健康评价》，载于《辽宁工业大学学报：社会科学版》，2017 年第 2 期。

[23] 李爱玉：《健康商业生态系统的评价量化模型》，载于《华北水利水电学院学报》，2011 年第 1 期。

[24] 李东、王翔等：《基于规则的商业模式研究——功能、结构与构建方法》，载于《中国工业经济》，2010 年第 9 期。

[25] 李东、徐天舒、白璐：《基于试错—学习的商业模式实验创新：总体过程与领导角色》，载于《东南大学学报：哲学社会科学版》，2013 年第 3 期。

[26] 李东：《商业模式原理：解密企业长期盈利逻辑》，北京联合出版公司 2014 年版。

[27] 李海舰、郭树民：《从经营商业到经营社会——从经营社会的视

角经营商业》，载于《中国工业经济》，2008 年第 5 期。

[28] 李强、揭筱纹：《信息技术的商业生态系统健康，战略行为与企业价值实证研究》，载于《管理学报》，2013 年第 6 期。

[29] 李耀、王新新：《价值的共同创造与单独创造及顾客主导逻辑下的价值创造研究评介》，载于《外国经济与管理》，2011 年第 9 期。

[30] 李永发、李东：《新商业模式成型过程与动态测评》，载于《科技进步与对策》，2015 年第 12 期。

[31] 李永发、徐天舒、李东：《商业模式多空间演化轨迹研究》，载于《东南大学学报：哲学社会科学版》，2017 年第 2 期。

[32] 李永发：《顾客待办事项与商业模式创新》，载于《管理现代化》，2017 年第 3 期。

[33] 李玉琼、朱秀英：《丰田汽车生态系统创新共生战略实证研究》，载于《管理评论》，2007 年第 6 期。

[34] 李玉琼：《企业生态系统健康诊断探析》，载于《当代财经》，2007 年第 9 期。

[35] 李长云、邓娟：《战略性新兴企业商业模式演化机理研究——基于新技术驱动力视角》，载于《科技进步与对策》，2015 年第 16 期。

[36] 刘刚、熊立峰：《消费者需求动态响应，企业边界选择与商业生态系统构建——基于苹果公司的案例研究》，载于《中国工业经济》，2013 年第 5 期。

[37] 刘闻：《论商业言论自由的法律边界》，载于《江西社会科学》，2016 年第 8 期。

[38] 楼园、韩福荣：《从自组织方法论角度看企业仿生研究》，载于《北京工业大学学报：社会科学版》，2004 年第 2 期。

[39] 路江涌、戎珂、王萌：《滴滴优步如何成功上位——网约车合法化之路及后续挑战》，载于《清华管理评论》，2016 年第 11 期。

[40] 罗珉：《价值星系：理论解释与价值创造机制的构建》，载于《中国工业经济》，2006 年第 1 期。

[41] 罗兴武、刘洋等：《中国转型经济情境下的商业模式创新：主题

设计与量表开发》，载于《外国经济与管理》，2018 年第 1 期。

[42] 迈克尔·波特著，陈小悦译：《竞争优势》，华夏出版社 2001 年版。

[43] 穆尔：《竞争的衰亡：商业生态系统时代的领导与战略》，北京出版社 1999 年版。

[44] 聂永有：《信息革命与现代商业的变革》，载于《上海大学学报：社会科学版》，2001 年第 2 期。

[45] 彭新武：《当代管理学研究的范式转换——走出"管理学丛林"的尝试》，载于《中国人民大学学报》，2007 年第 5 期。

[46] 钱言、任浩：《基于生态位的企业竞争关系研究》，载于《财贸研究》，2006 年第 2 期。

[47] 瞿彭志：《商业自动化（第 2 版）》，上海交通大学出版社 2004 年版。

[48] 盛振中：《淘宝网生态系统中种群成长研究》，载于《第二届网商及电子商务生态学术研讨会论文集》，浙江大学出版社 2009 年版。

[49] 宋阳、祝木伟：《企业生态理论对我国中小企业成长的启示》，载于《湖湘论坛》，2004 年第 4 期。

[50] 孙连才、王宗军：《基于动态能力理论的商业生态系统下企业商业模式指标评价体系》，载于《管理世界》，2011 年第 5 期。

[51] 孙善清：《CNNIC：又到危机公关时》，载于《IT 时代周刊》，2002 年第 11 期。

[52] 王化成、尹美群：《价值链模式下价值创造的要素体系研究》，载于《管理世界》，2005 年第 5 期。

[53] 王明春：《商业生态模式的三大红利》，载于《企业管理》，2017 年第 1 期。

[54] 王鹏、项凯标：《下一站争夺：场景》，载于《销售与市场（管理版）》，2015 年第 11 期。

[55] 魏炜、胡勇、朱武祥：《变革性高速成长公司的商业模式创新奇迹——一个多案例研究的发现》，载于《管理评论》，2015 年第 7 期。

[56] 魏炜、朱武祥、林桂平：《基于利益相关者交易结构的商业模式理论》，载于《管理世界》，2012 年第 12 期。

［57］魏炜、朱武祥：《发现商业模式》，机械工业出版社 2009 年版。

［58］吴增源、易荣华等：《新创企业如何进行商业模式创新？——基于内外部新知识的视角》，载于《中国软科学》，2018 年第 3 期。

［59］夏清华、陈超：《商业生态系统"5C 模型"与未来研究拓展》，载于《经济管理》，2015 年第 10 期。

［60］夏训峰、吴文良、王静慧：《生态位概念在企业管理方面的应用》，载于《商业时代》，2003 年第 248 期。

［61］项国鹏、罗兴武：《价值创造视角下浙商龙头企业商业模式演化机制——基于浙江物产的案例研究》，载于《商业经济与管理》，2015 年第 1 期。

［62］肖红军：《共享价值，商业生态圈与企业竞争范式转变》，载于《改革》，2015 年第 7 期。

［63］亚德里安·斯莱沃斯基、大卫·莫里森、鲍勃·安德尔曼：《发现利润区》，中信出版社 2010 年版。

［64］杨俊、薛鸿博、牛梦茜：《基于双重属性的商业模式构念化与研究框架建议》，载于《外国经济与管理》，2018 年第 4 期。

［65］杨学成、陶晓波：《从实体价值链，价值矩阵到柔性价值网——以小米公司的社会化价值共创为例》，载于《管理评论》，2015 年第 7 期。

［66］易加斌、徐迪：《大数据对商业模式创新的影响机理》，载于《科技进步与对策》，2018 年第 3 期。

［67］尹波、赵军等：《商业生态系统构建，治理与创新研究——以泸州老窖商业生态系统战略为例》，载于《软科学》，2015 年第 6 期。

［68］张茂敏、陈禹：《网商生态系统概念与结构分析》，载于《第二届网商及电子商务生态学术研讨会论文集》，浙江大学出版社 2009 年版。

［69］赵涛、彭龙：《商业文明·要素文明·形态文明》，载于《山东社会科学》，2013 年第 11 期。

［70］赵湘莲、王娜：《商业生态系统核心企业绩效评价研究》，载于《统计与决策》，2008 年第 7 期。

［71］赵湘莲：《商业生态系统的序参量探讨》，载于《经济与管理研

究》，2006 年第 11 期。

[72] 赵亚普、李垣、张文红：《合法性视角下产品企业服务商业模式的案例研究》，载于《经济与管理研究》，2015 年第 2 期。

[73] 郑凯、王新新：《互联网条件下顾客独立创造价值理论研究综述》，载于《外国经济与管理》，2015 年第 5 期。

[74] 郑宇娟、徐立国等：《互联网企业的"命门"》，载于《清华管理评论》，2018 年第 1 期。

[75] 郑喆：《高级定制男装的顾客价值构成要素》，载于《纺织学报》，2017 年第 1 期。

[76] 周傲英、钱卫宁、王长波：《数据科学与工程：大数据时代的新兴交叉学科》，载于《大数据》，2017 年第 2 期。

[77] 周庭锐：《商业 4.0 "创客"的世界》，载于《商学院》，2015 年第 1 期。

[78] 周庭锐：《商业 4.0 你准备好了吗?》，载于《商学院》，2015 年第 2 期。

[79] 资武成：《"大数据"时代企业生态系统的演化与建构》，载于《社会科学》，2013 年第 12 期。

英文部分

[1] Adner R. , "Ecosystem as Structure：An Actionable Construct for Strategy", *Journal of Management*, No. 1, 2017.

[2] Adner R. , Kapoor R. , "Value Creation in Innovation Ecosystems：How the Structure of Technological Interdependence Affects Firm Performance in New Technology Generations", *Strategic Management Journal*, No. 3, 2010.

[3] Agafonow A. , "Value Creation, Value Capture, and Value Devolution：Where do Social Enterprises Stand?", *Administration & Society*, No. 8, 2015.

[4] Al‑Debei M. M. , Avison D. , "Developing a Unified Framework of the Business Model Concept", *European Journal of Information Systems*, No. 3, 2010.

［5］ Amit R. , Zott C. , "Crafting Business Architecture: The Antecedents of Business Model Design", *Strategic Entrepreneurship Journal*, No. 4, 2015.

［6］ Amit R. , Zott C. , "Creating Value through Business Model Innovation", *MIT Sloan Management Review*, No. 3, 2012.

［7］ Amit R. , Zott C. , "Value Creation in E – business", *Strategic Management Journal*, No. 6 – 7, 2001.

［8］ Aspara J. , Lamberg J. A. , et al. , "Corporate Business Model Transformation and Inter-organizational Cognition: The Case of Nokia", *Long Range Planning*, No. 6, 2013.

［9］ Aspara J. , Lamberg J. A. , et al. , "Strategic Management of Business Model Transformation: Lessons from Nokia", *Management Decision*, No. 4, 2011.

［10］ Attour A. , Lazaric N. , "From Knowledge to Business Ecosystems: Emergence of an Entrepreneurial Activity during Knowledge Replication", *Small Business Economics*, No. 1, 2018.

［11］ Baden – Fuller C. , Morgan M. S. , "Business Models as Models", *Long Range Planning*, No. 2, 2010.

［12］ Baden – Fuller C. , Haefliger S. , "Business Models and Technological Innovation", *Long Range Planning*, No. 6, 2013.

［13］ Baden – Fuller C. , Mangematin V. , "Business Models: A Challenging Agenda", *Strategic Organization*, No. 4, 2013.

［14］ Baden – Fuller C. , Mangematin V. , "Introduction: Business Models and Modelling Business Models", *Advances in Strategic Management*, No. 33, 2015.

［15］ Baden – Fuller C. , Morgan M. S. , "Business Models as Models", *Long Range Planning*, No. 2, 2010.

［16］ Baldassarre B. , Calabretta G. , et al. , "Bridging Sustainable Business Model Innovation and User-driven Innovation: A Process for Sustainable Value Proposition Design", *Journal of Cleaner Production*, No. 147, 2017.

［17］Bettencourt L. A. , Ulwick A. W. , "The Customer – Centered Innovation Map", *Harvard Business Review*, No. 5, 2008.

［18］Bowman C. , Ambrosini V. , "Value Creation Versus Value Capture：Towards a Coherent Definition of Value in Strategy", *British Journal of Management*, No. 1, 2000.

［19］Brandenburger A. M. , Stuart J. H. W. , "Value – Based Business Strategy", *Journal of Economics & Management Strategy*, No. 1, 1996.

［20］Briscoe G. , Sadedin S. , De Wilde P. , "Digital Ecosystems：Ecosystem-oriented Architectures", *Natural Computing*, No. 3, 2011.

［21］Carayannis E. G. , Sindakis S. , Walter C. , "Business Model Innovation as Lever of Organizational Sustainability", *The Journal of Technology Transfer*, No. 1, 2015.

［22］Casadesus – Masanell R. , Heilbron J. , The Business Model：Nature and Benefits, *Business Models and Modelling*. Emerald Group Publishing Limited, 2015.

［23］Casadesus – Masanell R. , Ricart J E. , "From Strategy to Business Models and onto Tactics", *Long Range Planning*, No. 2 – 3, 2010.

［24］Casadesus – Masanell R. , Ricart J. E. , "How to Design a Winning Business Model", *Harvard Business Review*, No. 1, 2011.

［25］Casadesus – Masanell R. , Zhu F. , "Business Model Innovation and Competitive Imitation：The Case of Sponsor – Based Business Models", *Strategic Management Journal*, No. 4, 2013.

［26］Cavalcante S. , Kesting P. , "Business Model Dynamics and Innovation：（Re）establishing the Missing Linkages", *Management Decision*, No. 8, 2011.

［27］Cavalcante S. A. , "Preparing for Business Model Change：The "Prestage" Finding", *Journal of Management & Governance*, No. 2, 2014.

［28］Chesbrough H. , "Business Model Innovation：Opportunities and Barriers", *Long Range Planning*, No. 2, 2010.

［29］Chesbrough H. , Rosenbloom R. S. , "The Role of the Business Model in Capturing Value from Innovation: Evidence from Xerox Corporation's Technology Spin-off Companies", *Industrial and Corporate Change*, No. 3, 2002.

［30］Christensen C. M. , Anthony S. D. , et al. , "Finding the Right Job for Your Product", *MIT Sloan Management Review*, No. 3, 2007.

［31］Christensen C. M. , Bartman T. , Van Bever D. , "The Hard Truth about Business Model Innovation", *MIT Sloan Management Review*, No. 1, 2016.

［32］Clarysse B. , Wright M. , et al. , "Creating Value in Ecosystems: Crossing the Chasm between Knowledge and Business Ecosystems", *Research Policy*, No. 7, 2014.

［33］Crook T. R. , Ketchen J. D. J. , et al. , "Strategic Resources and Performance: A Meta – Analysis", *Strategic Management Journal*, No. 11, 2008.

［34］DaSilva C. M. , Trkman P. , "Business Model: What it is and what it is not", *Long Range Planning*, No. 6, 2014.

［35］Del Vecchio P. , Mele G. , et al. , "Creating Value from Social Big Data: Implications for Smart Tourism Destinations", *Information Processing & Management*, No. 5, 2017.

［36］Demil B. , Lecocq X. , "Business Model Evolution: In Search of Dynamic Consistency", *Long Range Planning*, No. 2 – 3, 2010.

［37］Den Hartigh E. , Tol M. , Visscher W. , "The Health Measurement of a Business Eecosystem", *Proceedings of the European Network on Chaos and Complexity Research and Management Practice Meeting*, 2006.

［38］Doz Y. L. , Kosonen M. , "Embedding Strategic Agility: A Leadership Agenda for Accelerating Business Model Renewal", *Long Range Planning*, No. 2, 2010.

［39］Drucker, Peter F. , *Management: Tasks, Responsibilities, Practices*, Truman Talley Books, 1986.

［40］Ehrenhard M. , Wijnhoven F. , et al. , "Unlocking how Start-ups Create Business Value with Mobile Applications: Development of an App-enabled Business Innovation Cycle", *Technological Forecasting and Social Change*, No. 115, 2017.

[41] Eyring M., Johnson M. W., Nair H., "New Business Models in Emerging Markets", *Harvard Business Review*, No. 1, 2011.

[42] Eyring M. J., Johnson M. W., Nair H., "New Business Models in Emerging Markets", *Harvard Business Review*, No. 1 – 2, 2011.

[43] Frankenberger K., Weiblen T., et al., "The 4I-framework of Business Model Innovation: A Structured View on Process Phases and Challenges", *International Journal of Product Development*, No. 3 – 4, 2013.

[44] Gambardellaa, Mcgahan A. M., "Business-model Innovation: General Purpose Technologies and Their Implications for Industry Structure", *Long Range Planning*, No. 2, 2010.

[45] Garnsey E., Lorenzoni G., Ferriani S., "Speciation through Entrepreneurial Spin-off: The Acorn – ARM story", *Research Policy*, No. 2, 2008.

[46] Gawer A., Cusumano M. A., "How Companies Become Platform Leaders", *MIT Sloan Management Review*, No. 2, 2008.

[47] George G., Bock A. J., "The Business Model in Practice and its Implications for Entrepreneurship Research", *Entrepreneurship Theory and Practice*, No. 1, 2011.

[48] Holbrook M. B., "Special Session Summary Customer Value C a Framework for Analysis and Research", *ACR North American Advances*, No. 1, 1996.

[49] Hoopes D. G., Madsen T. L., Walker G., "Guest Editors' Introduction to the Special Issue: Why is there a Resource-based View? Toward a Theory of Competitive Heterogeneity", *Strategic Management Journal*, No. 10, 2003.

[50] Iansiti M., Levien R., "Strategy as Ecology", *Harvard Business Review*, No. 3, 2004.

[51] Iansiti M., Levien R., *The Keystone Advantage: What the New Dy-*

namics of Business Ecosystems Mean for Strategy, Innovation, and Sustainability, Harvard Business Press, 2004.

[52] Itami H. , Nishino K. , "Killing Two Birds with One Stone: Profit for Now and Learning for the Future", *Long Range Planning*, No. 2 – 3, 2010.

[53] Jacobides M. G. , Knudsen T. , Augier M. , "Benefiting from Innovation: Value Creation, Value Appropriation and the Role of Industry Architectures", *Research Policy*, No. 8, 2006.

[54] James S. D. , Leiblein M. J. , Lu S. , "How Firms Capture Value from their Innovations", *Journal of Management*, No. 5, 2013.

[55] Johnson M. W. , Christersen C. M. , Kagermann H. , "Reinventi Your Business Model", *Harvard Business Review*, No. 12, 2008.

[56] Johnson M. W. , *Seizing the White Space: Business Model Innovation for Growth and Renewal*, Harvard Business Press, 2010.

[57] Kandiah G. , Gossain S. , "Reinventing Value: The New Business Ecosystem", *Strategy & Leadership*, No. 5, 1998.

[58] Karimi J. , Somers T. M. , Bhattacherjee A. , "The Role of Information Systems Resources in ERP Capability Building and Business Process Outcomes", *Journal of Management Information Systems*, No. 2, 2007.

[59] Kavadias S. , Ladas K. , Loch C. , "The Transformative Business Model", *Harvard Business Review*, No. 10, 2016.

[60] Kim W. C. , Mauborgne R. , "Blue Ocean Strategy", *California Management Review*, No. 3, 2005.

[61] Kumar V. , Ramani G. , Bohling T. , "Customer Lifetime Value Approaches and Best Practice Applications", *Journal of Interactive Marketing*, No. 3, 2004.

[62] Lappi T. , Lee T. R. , Aaltonen K. , "Assessing the Health of a Business Ecosystem: The Contribution of the Anchoring Actor in the Formation Phase", *International Journal of Management, Knowledge and Learning*, No. 1, 2017.

[63] Lee C. S. , "An Analytical Framework for Evaluating E – commerce

Business Models and Strategies", *Internet Research*, No. 4, 2001.

［64］Lee M. K., Verma R., Roth A., "Understanding Customer Value in Technology-enabled Services: A Numerical Taxonomy Based on Usage and Utility", *Service Science*, No. 3, 2015.

［65］Lepak D. P., Smith K. G., Taylor M. S., "Value Creation and Value Capture: A Multilevel Perspective", *Academy of Management Review*, No. 1, 2007.

［66］Li Y. R., "The Technological Roadmap of Cisco's Business Ecosystem", *Technovation*, No. 5, 2009.

［67］Liu G., Rong K., "The Nature of the Co – Evolutionary Process Complex Product Development in the Mobile Computing Industry's Business Ecosystem", *Group & Organization Management*, No. 6, 2015.

［68］Lu C., Rong K., et al., "Business Ecosystem and Stakeholders' role Transformation: Evidence from Chinese Emerging Electric Vehicle Industry", *Expert Systems with Applications*, No. 10, 2014.

［69］Magretta J., "Why Business Models Matter", *Harvard Business Review*, No. 5, 2002.

［70］Martins L. L., Rindova V. P., Greenbaum B. E., "Unlocking the Hidden Value of Concepts: A Cognitive Approach to Business Model Innovation", *Strategic Entrepreneurship Journal*, No. 1, 2015.

［71］Matzler K., Bailom F., et al., "Business Model Innovation: Coffee Triumphs for Nespresso", *Journal of Business Strategy*, No. 2, 2013.

［72］McGill B. J, Enquist B. J, et al., "Rebuilding Community Ecology from Functional Traits", *Trends in Ecology & Evolution*, No. 4, 2006.

［73］McGrath R. G., "Business Models: A Discovery Driven Approach", *Long Range Planning*, No. 2 – 3, 2010.

［74］Moore J. F., "Business Ecosystems and the View from the Firm", *The Antitrust Bulletin*, No. 1, 2006.

［75］Moore J. F., "Predators and Prey: A New Ecology of Competition",

Harvard Business Review, No. 3, 1993.

[76] Moore J. F. , "The Rise of a New Corporate Form", *Washington Quarterly*, No. 1, 1998.

[77] Moore J. F. , *The Death of Competition: Leadership and Strategy in the Age of Business Ecosystems*, HarperCollins, 2016.

[78] Morris M. , Schindehutte M. , Allen J. , "The Entrepreneur's Business Model: Toward a Unified Perspective", *Journal of Business Research*, No. 6, 2005.

[79] Osterwalder A. , Pigneur Y. , *Business Model Generation: A Handbook for Visionaries, Game Changers, and Challengers*, John Wiley & Sons, 2010.

[80] Peltoniemi M. , Vuori E. , "Business Ecosystem as the New Approach to Complex Adaptive Business Environments", *Proceedings of E – business Research Forum*. 2004.

[81] Pironon S. , Villellas J. , et al. , "The 'Hutchinsonian Niche' as an Assemblage of Demographic Niches: Implications for Species Geographic Ranges", *Ecography*, No. 7, 2018.

[82] Pohle G. , Korsten P. , Ramamurthy S. , "Component Business Models", *Innovative Approaches for Sustainable Growth*, No. 68, 2006.

[83] Power T. , Jerjian G. , *Ecosystem: Living the 12 Principles of Networked Business*, Financial Times Management, 2001.

[84] Pramanik M. I. , Lau R. Y. K. , et al. , "Smart Health: Big Data Enabled Health Paradigm within Smart Cities", *Expert Systems with Applications*, No. 87, 2017.

[85] Rong K. , Hu G. , et al. , "Understanding Business Ecosystem Using a 6C Framework in Internet-of-things-based Sectors", *International Journal of Production Economics*, No. 159, 2015.

[86] Rong K. , Lin Y. , et al. , "Business Ecosystem Research Agenda: More Dynamic, More Embedded, and More Internationalized", *Asian Bus Manage*, No. 17, 2018.

[87] Rumble R., Mangematin V., "Business Model Implementation: The Antecedents of Multi-sidedness", *Business Models and Modelling*, No. 33, 2015.

[88] Sabatier V., Craig – Kennard A., Mangematin V., "When Technological Discontinuities and Disruptive Business Models Challenge Dominant Industry Logics: Insights from the Drugs Industry", *Technological Forecasting and Social Change*, No. 5, 2012.

[89] Sabatier V., Mangematin V., Rousselle T., "From Recipe to Dinner: Business Model Portfolios in the European Biopharmaceutical Industry", *Long Range Planning*, No. 2, 2010.

[90] Saggi M. K., Jain S., "A Survey towards an Integration of Big Data Analytics to Big Insights for Value-creation", *Information Processing & Management*, No. 5, 2018.

[91] Sanchez P., Ricart J. E., "Business Model Innovation and Sources of Value Creation in Low-Income Markets", *European Management Review*, No. 3, 2010.

[92] Sheehan N. T., Bruni – Bossio V., "Strategic Value Curve Analysis: Diagnosing and Improving Customer Value Propositions", *Business Horizons*, No. 3, 2015.

[93] Slywotzky A., Weber K., *Demand: Creating what People Love before they Know they Want it*, Hachette UK, 2011.

[94] Snihur Y., Thomas L. D. W., Burgelman R. A., "An Ecosystem – Level Process Model of Business Model Disruption: The Disruptor's Gambit", *Journal of Management Studies*, 2018.

[95] Snihur Y., Zott C., "Legitimacy without Imitation: How to Achieve Robust Business Model Innovation", *35th DRUID Celebration Conference*, 2013.

[96] Sosna M., Trevinyo – Rodríguez R. N., Velamuri S. R., "Business Model Innovation through Trial-and – Error Learning: The Naturhouse Case", *Long Range Planning*, No. 2 – 3, 2010.

[97] Spieth P., Schneckenberg D., Ricart J. E., "Business Model Inno-

vation-state of the Art and Future Challenges for the Field", *R&D Management*, No. 3, 2014.

[98] Suchman M. C., "Managing Legitimacy: Strategic and Institutional Approaches", *Academy of Management Review*, No. 3, 1995.

[99] Taran Y., Boer H., Lindgren P., "A Business Model Innovation Typology", *Decision Sciences*, No. 2, 2015.

[100] Teece D. J., "Business Models, Business Strategy and Innovation", *Long Range Planning*, No. 2, 2010.

[101] Teece D. J., Linden G., "Business Models, Value Capture, and the Digital Enterprise", *Journal of Organization Design*, No. 1, 2017.

[102] Vargo S. L., Maglio P. P., Akaka M. A., "On Value and Value Co-creation: A Service Systems and Service Logic Perspective", *European Management Journal*, No. 3, 2008.

[103] Veit D., Clemons E., et al., "Business Models: An Information Systems Research Agenda", *Business & Information Systems Engineering*, No. 1, 2014.

[104] Venkatesan R., Kumar V., Bohling T., "Optimal Customer Relationship Management Using Bayesian Decision Theory: An Application for Customer Selection", *Journal of Marketing Research*, No. 4, 2007.

[105] Voelpel S. C., Leibold M., Tekie E. B., "The Wheel of Business Model Reinvention: How to Reshape Your Business Model to Leapfrog Competitors", *Journal of Change Management*, No. 3, 2004.

[106] Wamba S. F., Akter S., et al., "How 'Big Data' can Make Big Impact: Findings from a Systematic Review and a Longitudinal Case Study", *International Journal of Production Economics*, No. 165, 2015.

[107] Weiller C., Neely A., *Business Model Design in an Eecosystem Context*, University of Cambridge, Cambridge Service Alliance, 2013.

[108] Whittaker R. H., Levin S. A., Root R. B., "Niche, Habitat, and Ecotope", *The American Naturalist*, No. 955, 1973.

［109］ Williams S. , Williams N. , "The Business Value of Business Intelligence", *Business Intelligence Journal*, No. 8, 2003.

［110］ Williamson O. E. , *Organizational Innovation: The Transaction Cost Approach*, University of Pennsylvania, Center for the Study of Organizational Innovation, 1980.

［111］ Williamson P. J. , De Meyer A. , "Ecosystem Advantage: How to Successfully Harness the Power of Partners", *California Management Review*, No. 1, 2012.

［112］ Wirtz B. W. , Lihotzky N. , "Customer Retention Management in the B2C Electronic Business", *Long Range Planning*, No. 6, 2003.

［113］ Wirtz B. W. , Pistoia A. , et al. , "Business Models: Origin, Development and Future Research Perspectives", *Long Range Planning*, No. 1, 2016.

［114］ Woodruff R. B. , "Customer Value: The next Source for Competitive Advantage", *Journal of the Academy of Marketing Science*, No. 2, 1997.

［115］ Xu C. , Peak D. , Prybutok V. , "A Customer Value, Satisfaction, and Loyalty Perspective of Mobile Application Recommendations", *Decision Support Systems*, No. 79, 2015.

［116］ Yang M. , Evans S. , et al. , "Value Uncaptured Perspective for Sustainable Business Model Innovation", *Journal of Cleaner Production*, No. 140, 2017.

［117］ Zahra S. A, Nambisan S. , "Entrepreneurship and Strategic Thinking in Business Ecosystems", *Business Horizons*, No. 3, 2012.

［118］ Zott C. , Amit R. , "Business Model Design: An Activity System Perspective", *Long Range Planning*, No. 2 - 3, 2010.

［119］ Zott C. , Amit R. , "The Business Model: A Theoretically Anchored Robust Construct for Strategic Analysis", *Strategic Organization*, No. 4, 2013.

［120］ Zott C. , Amit R. , Massa L. , "The Business Model: Recent Developments and Future Research", *Journal of Management*, No. 4, 2011.